ウエア、バッグ、アクセサリー etc.

刺し子ステッチで楽しむ服と小物

堀川 波

誠文堂新光社

はじめに

Stitching marks my time

50歳近くになるまで刺繍は苦手だと思っていた私がはじめた刺し子ステッチは、3年たった今もずっと楽しく続いており、このたび2冊目の本を出すことができました。それはきっちりと正確なことが苦手な刺繍初心者の私でも、ゆがんだりバラバラな縫い目が素敵に仕上がるおおらかな刺繍だからだと思います。

刺し子ステッチをしていていつも思うのが、「あいうえお」と書いて、同じ筆跡がないように、縫い目にも「縫い跡」があるということ。縫い目の跡には人それぞれの個性があり、そこにたまらなく愛しさを感じます。以前ロンドンで刺し子ステッチのワークショップをしたのですが、これは世界共通で皆さんにそれぞれのステッチの持ち味がありました。出来上がった作品はみんな違って、みんな素敵なのです。

無心でちくちく刺していると、なぜか心が満たされていきます。そして自分が残した刺し子ステッチの縫い目の跡が、自分の時間の積み重ねを表してくれていて、まるで私がここに生きているしるしのよう。自分の時間の積み重ねに癒されています。これからも、好きなことで手を動かしながらワクワクして、自分が嬉しくなるものづくりを楽しんでいきたいです。

CONTENTS

00は作り方ページ

COLUMN

KOGIN
KOGIN
SASHIKO
20/8
cotton 100%
20m
MADE IN JAPAN
30m

01
ブラウス
作り方／p.48
実物大型紙／A面

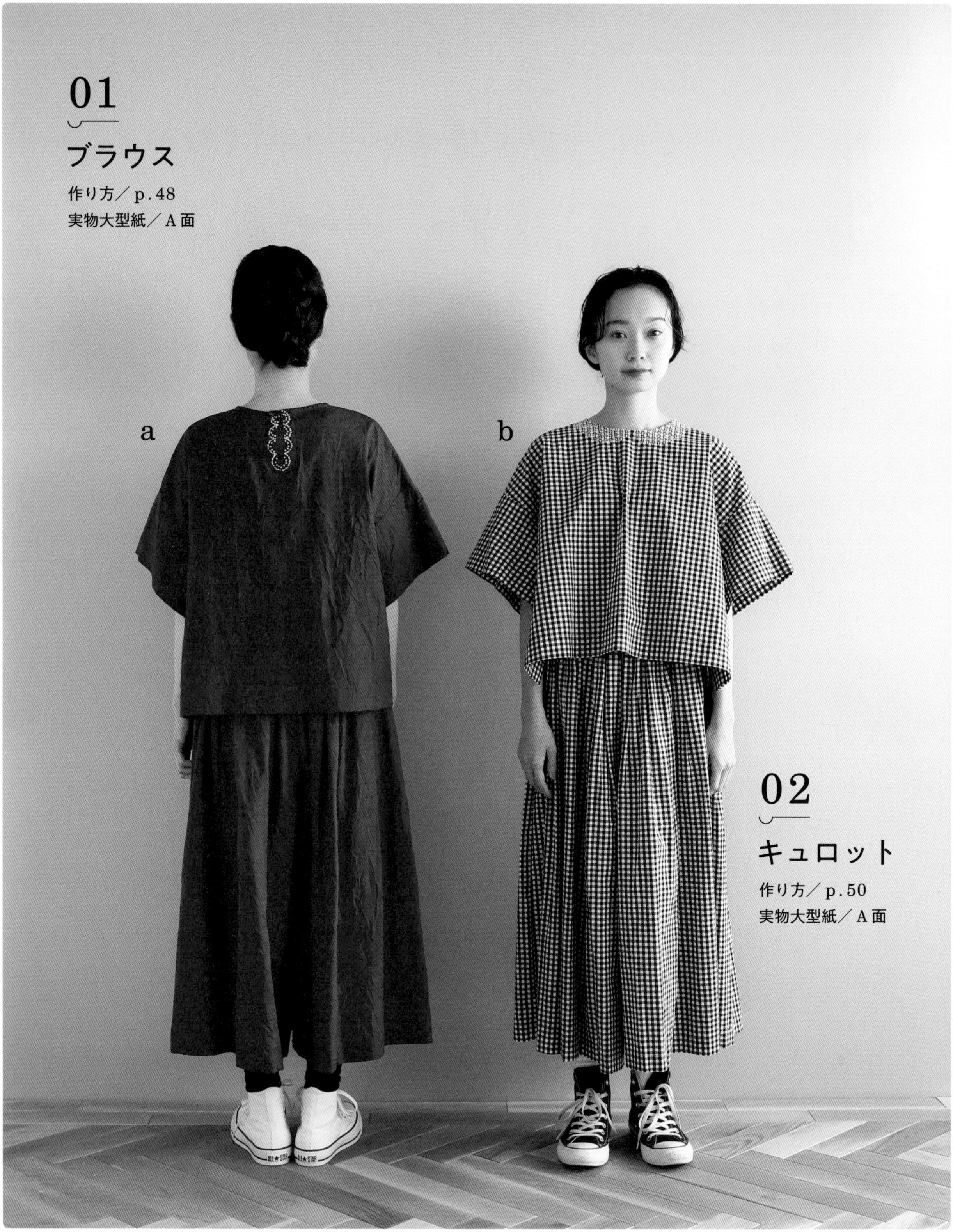

02
キュロット
作り方／p.50
実物大型紙／A面

セットアップとしても、単品で着ても便利なブラウスとキュロット。面倒なファスナーつけやボタンホールなどをなくして縫いやすいパターンにしてあります。とことんシンプルなスタイルですが、小さな刺繍で遊び心あるおしゃれを楽しんで。

01 ブラウス

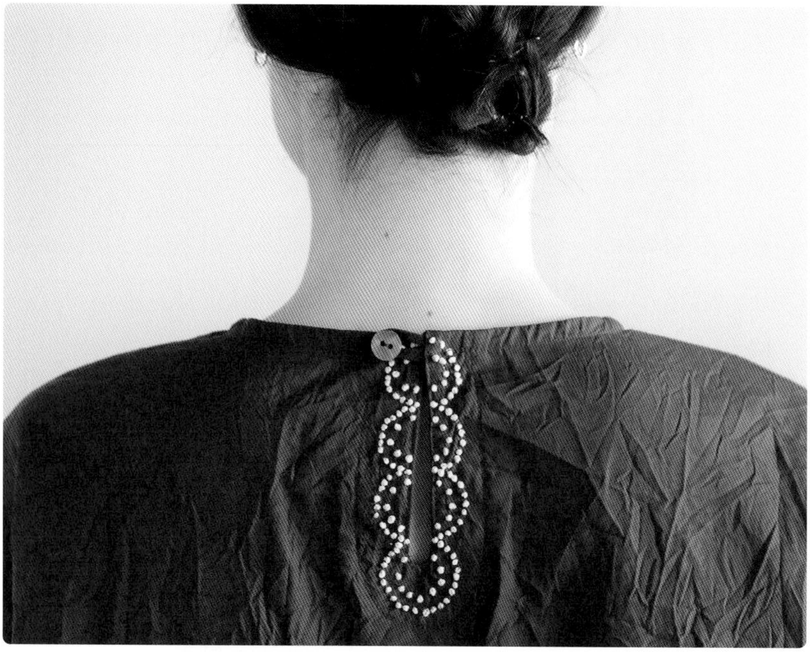

後ろ中心の開きの部分にフレンチナッツ・ステッチでレースのような模様を描きます。簡単なのに、アクセサリーをひとつつけたような存在感があります。

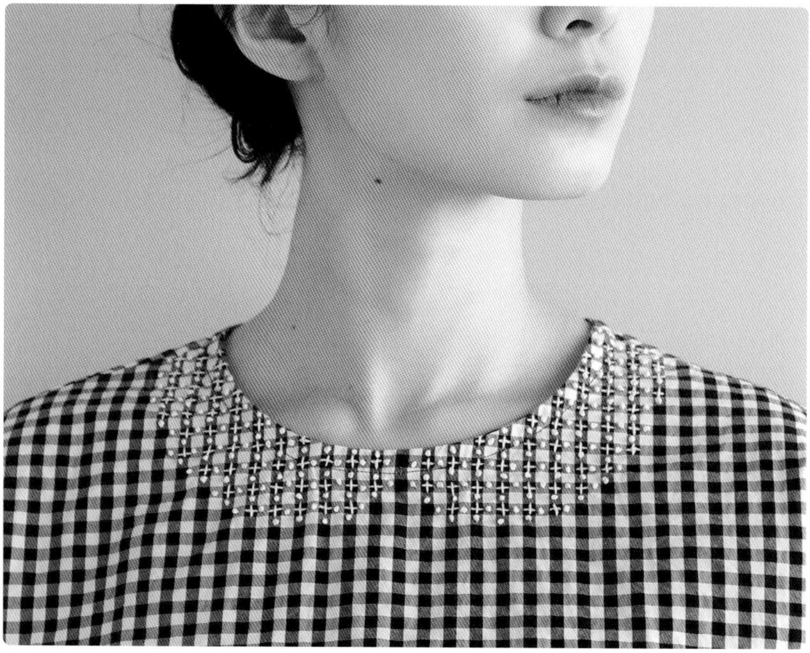

一見、小さな丸襟に見えますが実は刺繍という、だまし絵のような楽しい趣向。ここではギンガムチェックの格子を利用して規則的に刺しましたが、無地でも同じように刺すことができます。

重ね着に重宝する個性的なベスト。ボリュームのあるワンピースやゆったりしたスカートスタイルによく合い、無難なスタイルにひとひねり加えてくれます。肌寒い日や、気になるおなかを隠したい時などにも活躍します。

03

ベスト

作り方／p.52
実物大型紙／B面

03 ベスト

どちらを前に着ても大丈夫なパターン。下に合わせるアイテムの襟元によって、丸い開きか、スクエアかを選べます。刺繍は刺し子をモダンにアレンジ。

04

エプロン

作り方／p.54
実物大型紙／A面

ゆったりワンピースで甘く着こなしても、セーターやジーンズでカジュアルにコーディネートしても楽しいエプロンドレス。おしゃれなワンマイルウエアとしても活躍します。

a

刺繍はポケット全面に。同じ図案のポケットが後ろにももうひとつついています（写真は後ろ身頃）。脇のくるみボタンにもワンポイントあしらって。

04 エプロン

12ページと同じパターンで、色違いで作りました。前後を逆にして襟元がV字開きの方を前にして着ています。刺繍の図案も変えてみました。好きな方を選んで刺してください。

05

ワンピース

作り方／p.57

実物大型紙／B面

たっぷりとしたボリューム袖のワンピースを、光沢のあるコットンシルクで仕立てています。襟元にゴールドのラメ糸で入れた刺し子ステッチが上質感を演出し、ちょっとしたお出かけにも使える便利な一枚です。

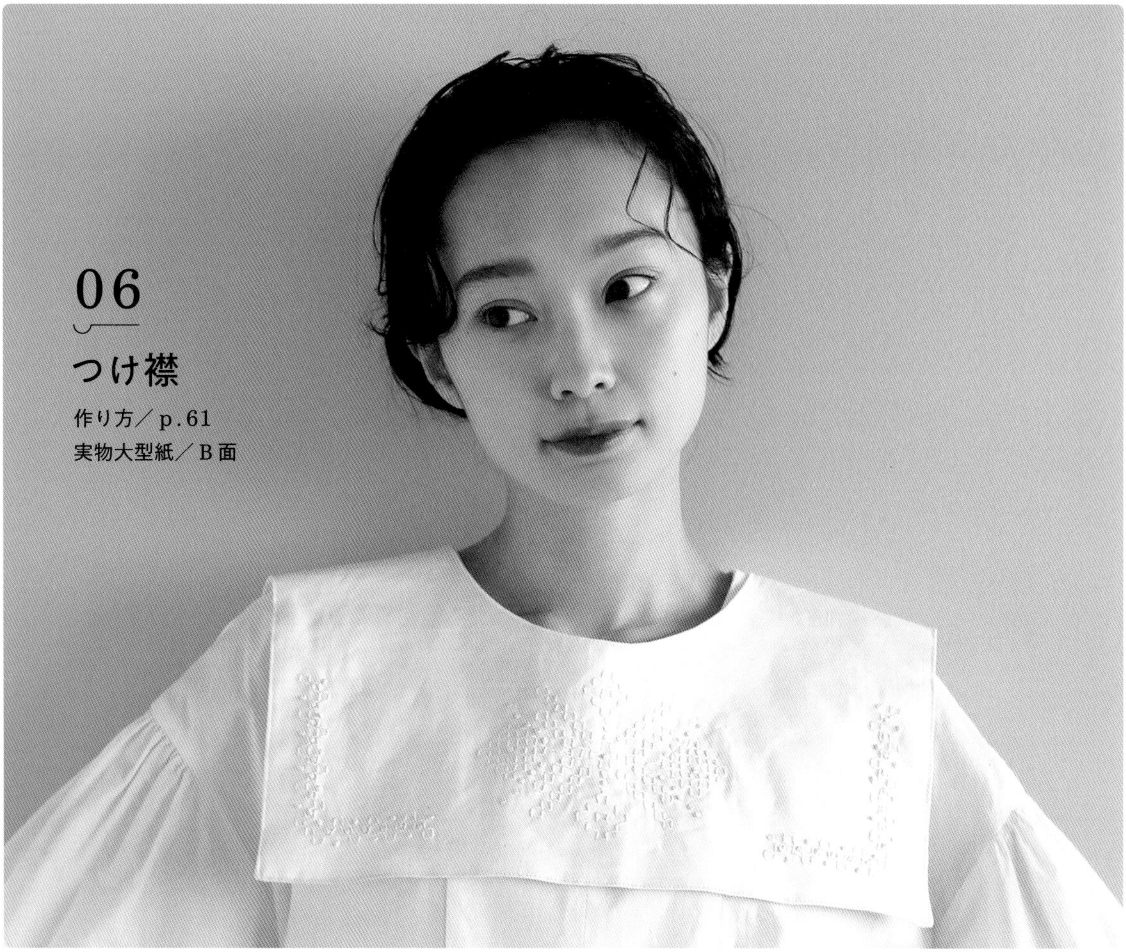

06

つけ襟

作り方／p.61
実物大型紙／B面

セーラーカラーのようなクラシカルな雰囲気のあるつけ襟。ホワイト×ホワイトのひかえめな刺繍がポイントです。5㎜間隔で点を打ち、刺していきます(p.45参照)。

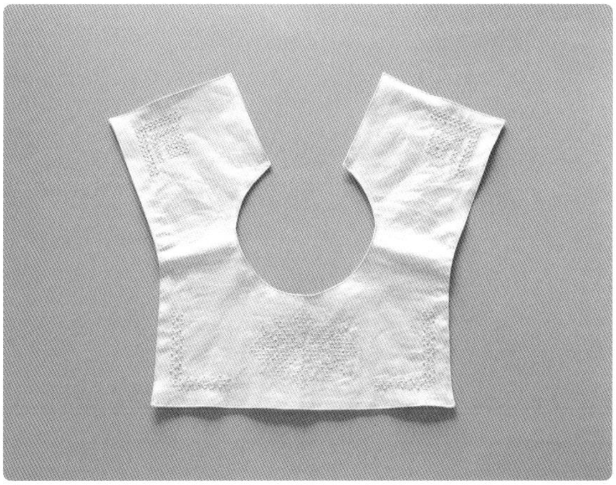

肩にのせてホックで留めるだけ。どちらを前にしても大丈夫なデザインなので、合わせるトップスとの相性で選んでください。白い襟はレフ板効果で、顔色を明るく見せてくれます。

ときめく服を作りたい

ひょんなことから、ご縁とご縁がつながって、2023年に洋服のブランドを立ち上げました。
名前は kiki to kiki（キキトキキ）。『嬉々から嬉々へ』という意味です。
「嬉々」は、作る私でもあり、着てくださる方々でもあります。
嬉しいという漢字が『女へんに喜ぶ』と書くように
女の人が喜ぶ服作りがしたいとはじめました。
服をデザインする時に大事にしている３つのキーワードが
『エイジレス、サイズレス、タイムレス』です。

ワンピース
ブラウスと
キュロット
white
セットアップ
は 顔色だけ
でなく
気持ちまで
明るく
なります
お好きな色で
作ってみて
下さい
blueも
おすすめ

28歳の人でも、68歳の人でも、ぽっちゃりさんでもほっそりさんでも、
小さくても大きくても、似合う服。過去の私も、未来の私も
「きゅん」とときめく服をデザインしたいと思っています。
今回、そんな服を好きな布で作って欲しいなという思いで本を作りました。
全てのスタイルに刺し子ステッチの手仕事を加える提案をしています。
バッグやアクセサリーなど、身につけるものの刺し子ステッチもたくさん作りました。
毎日がうきうき楽しくなるおしゃれのアイテムになれたら嬉しいです。

エプロン
家に
いるときも
おでかけ
にも
OK!
←スクエア
Vネック →
前後、どちらでも
着られます
一年を
通して
着て
いただけ
ます

07

四角刺繍のきんちゃく

作り方／p.62
実物大型紙／B面

ギンガムチェックの格子を利用して、一目刺しの要領で刺していきます。カクカクした表情がかわいくて、四角刺繍と呼んでいます。図案を全部写し取らなくてもポイントとなる部分に目打ちで穴を開けて目印にするといいと思います。この手軽さも好きな理由のひとつです。

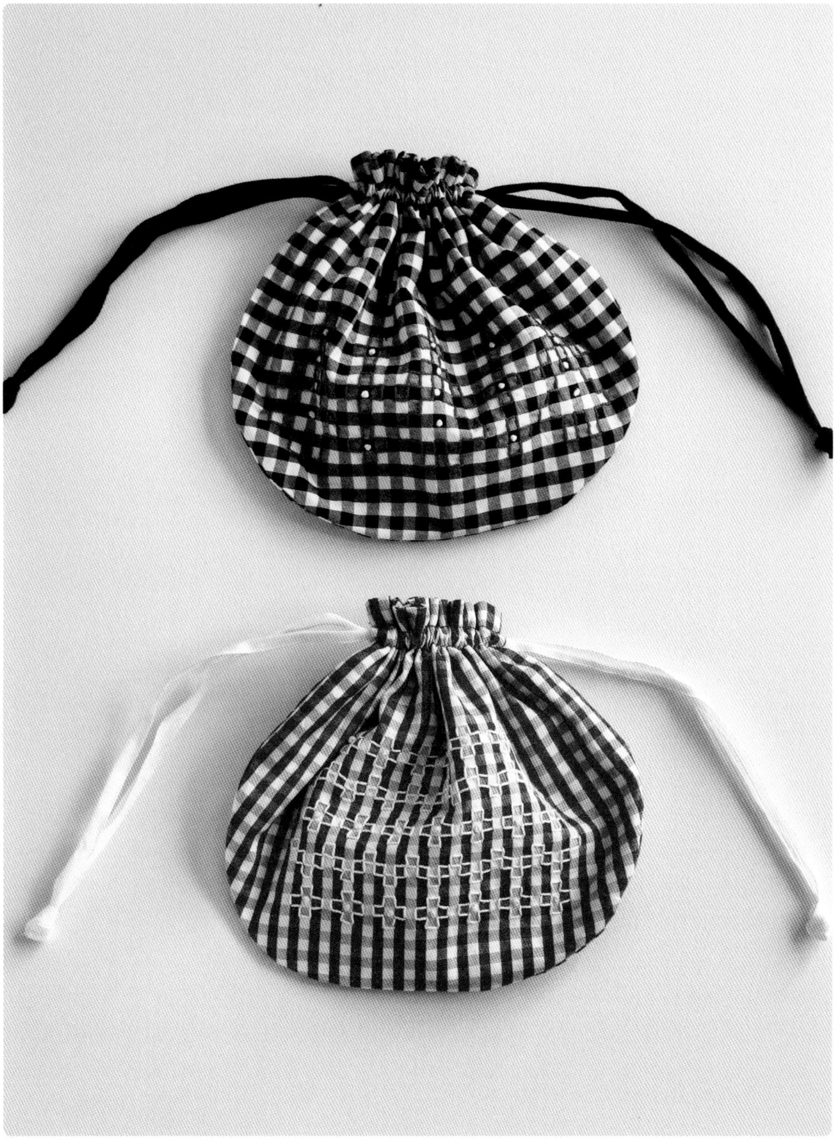

08

イラスト刺繍エコバッグ

作り方／p.64
刺繍図案／A面

a

今回、気に入って多く使っているのがこのステッチです。私は「まきまき」と呼んでいますが、なみ縫いをした後に別の糸を巻きつけていきます。少しよれたようなナチュラルな線に味があります。お絵描き気分で楽しんでください。

b

a 小・ななめ掛け

b 大・ななめ掛け

09

ミニバッグいろいろ

スマホや財布などを入れるのに何かと便利なミニバッグ。大きさを２種類、ひもを２種類紹介します。作り方は共通です。お好きな図案でどうぞ。

刺し子ステッチをいろいろ組み合わせて自由に表現

作り方／p.65

刺し子用の糸は、１本でもふっくらと味わい深い線が引けるところが好きです。旅行先で見かけた伝統的な刺繍やフランス刺繍、日本の刺し子など、いろいろなステッチを組み合わせて出来上がった作風です。

09 ミニバッグいろいろ

刺し子糸の素朴な雰囲気もいいですが、金や銀などのラメ糸を使うと、同じ図案でもぐっと洗練された印象になります。スマホや財布など、ミニマムに持ち歩きたい時などに。

C 小・手持ち

布をデザインするように
全面に刺す

作り方／p.65

d 大・手持ち

そういう柄の布なのかな？と思わせるような全面に刺した刺繍。連続する図案なので、好きな大きさに広げることができます。

e 大・手持ち

絵を描くように刺す
フリーハンドのような味わい

作り方／p.65

f 小・手持ち

まきまきステッチで大胆な絵柄を刺しました。２色の糸を使うと線に存在感がアップして、シンプルな図案が引き立ちます。自作の絵や、子どもが描いた絵を刺すのも楽しいですね。

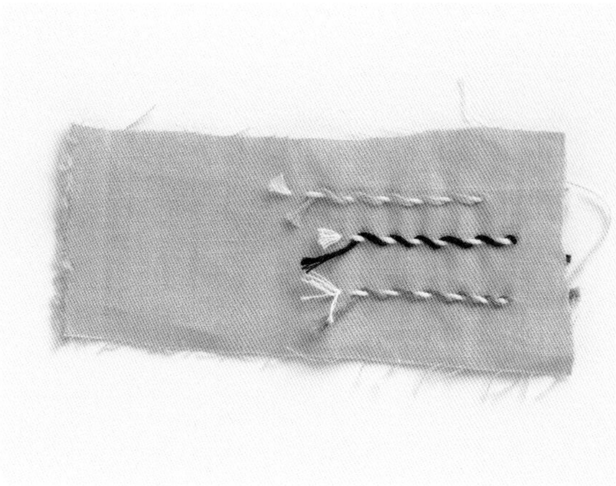

g 小・ななめ掛け

One
biscuit
in the
pocket

h 小・ななめ掛け

10

バレッタ

作り方／p.75

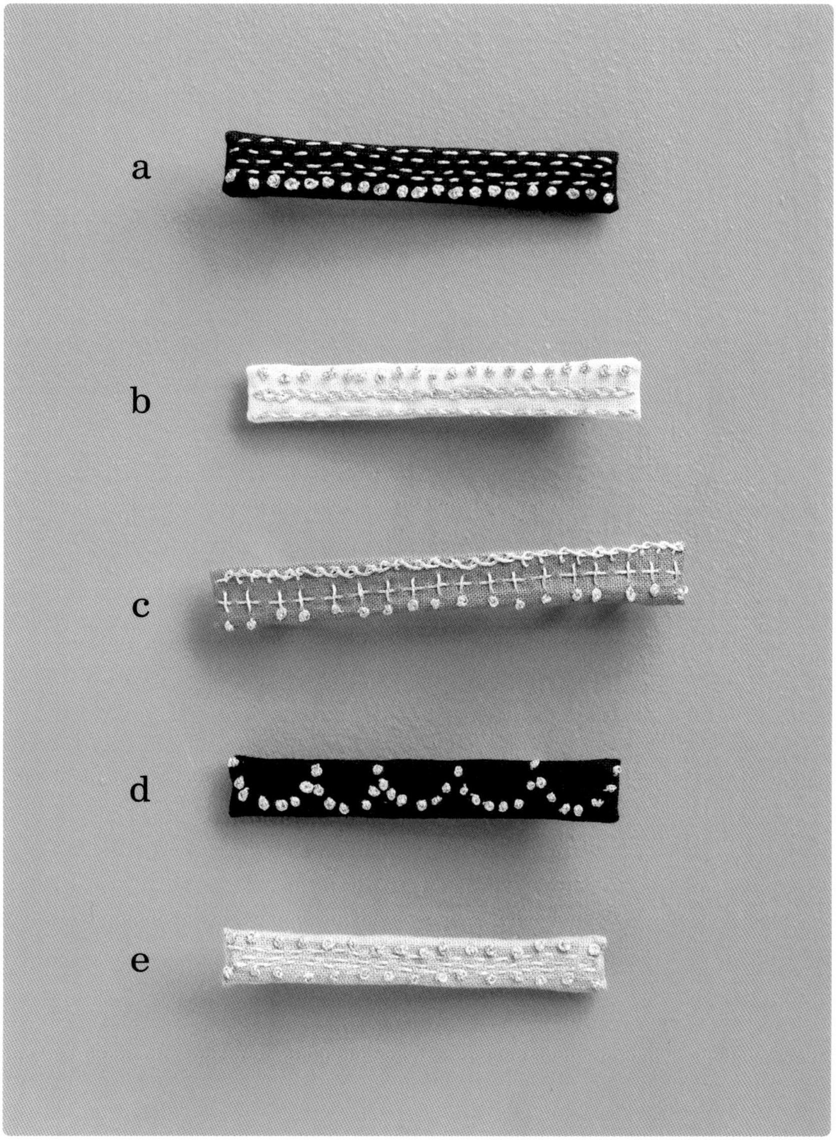

キラキラのラメ糸を使った大人のバレッタ。アクセサリー感覚でつけてみましょう。上下逆さでも大丈夫な図案にしておくと、右からも左からもつけられるので実用的です。

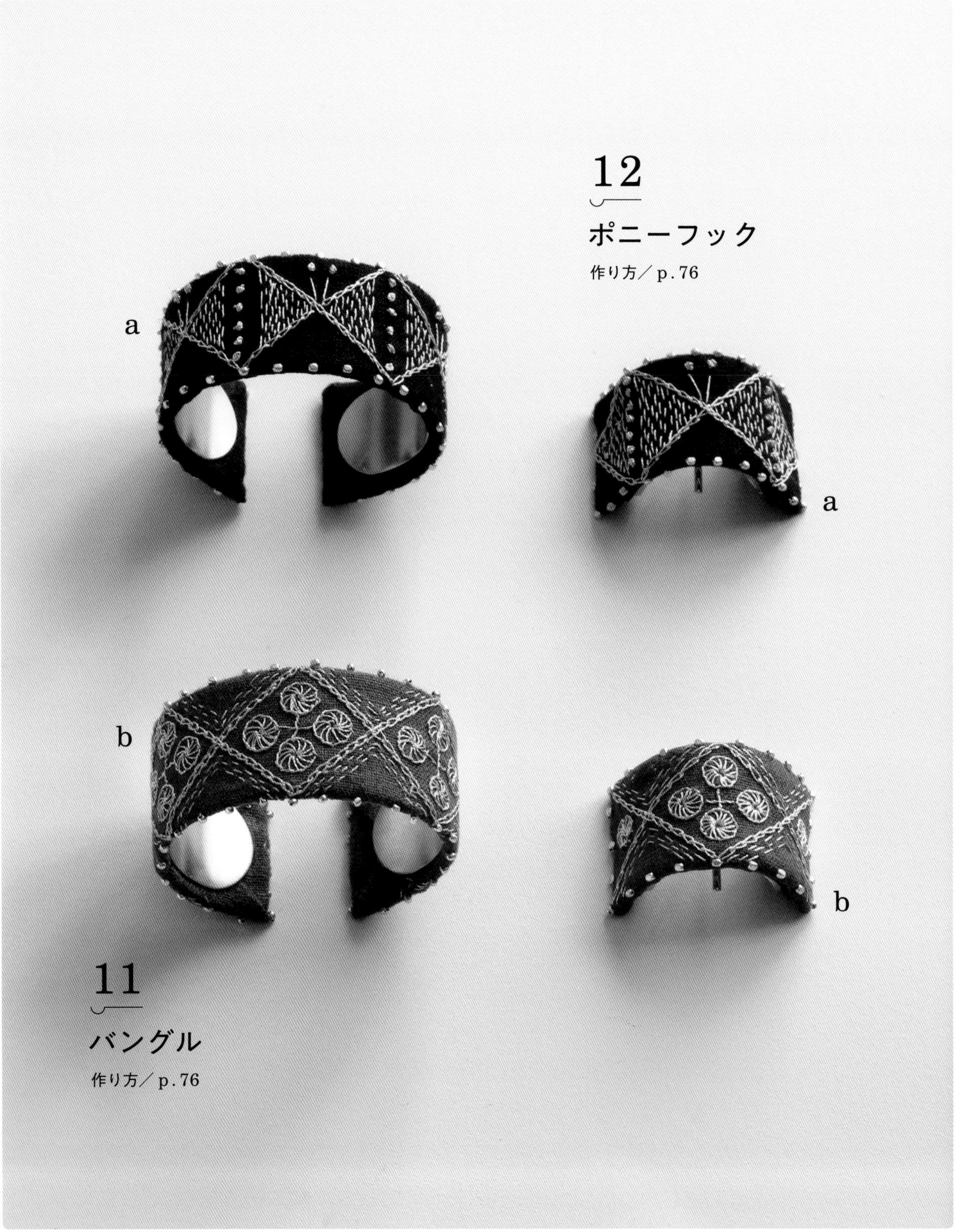

12
ポニーフック
作り方／p.76

11
バングル
作り方／p.76

ヘアゴム隠しに重宝するポニーフックと、同じ図案をリピートさせて刺繍したバングル。ひとつだけでも、お揃いでつけても素敵です。ふちにつけたビーズがアクセサリー感をアップ。カジュアルすぎないおしゃれにぴったりです。

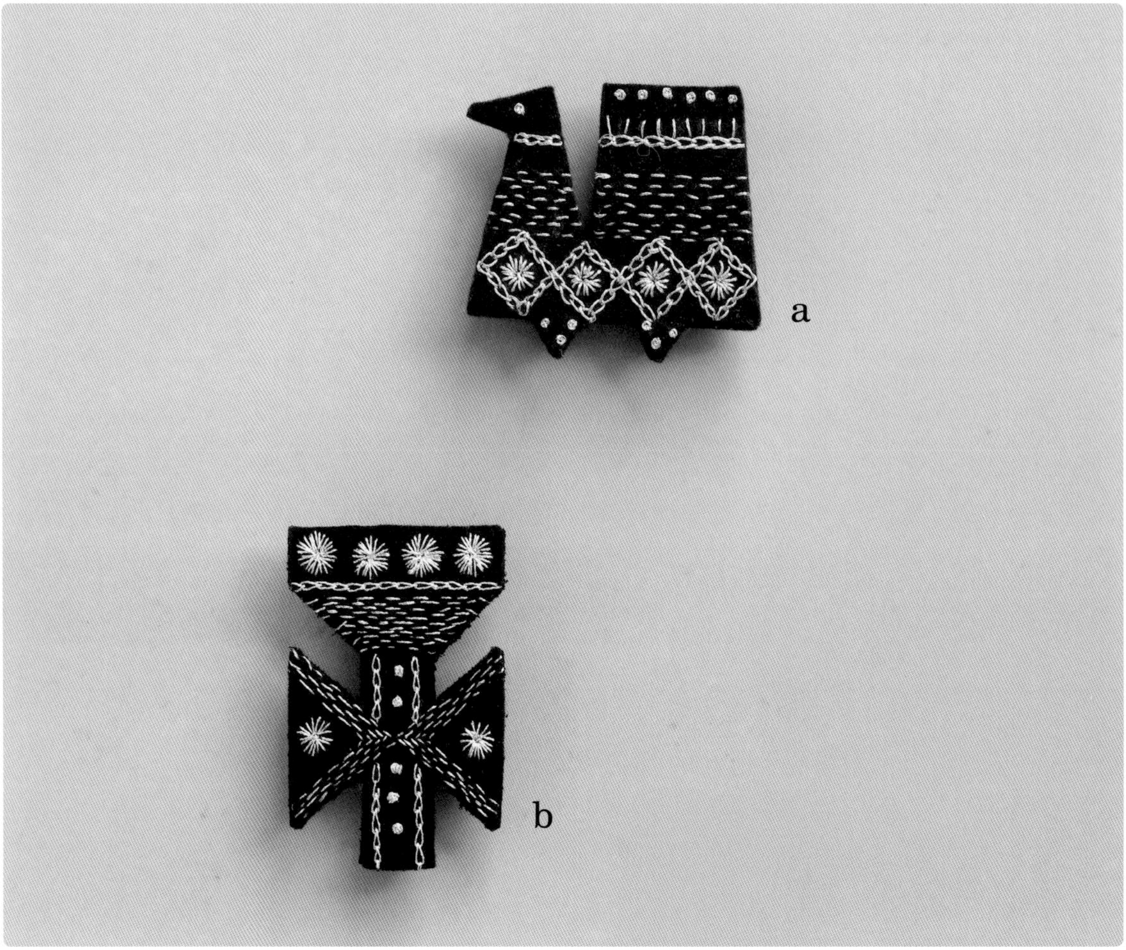

フェルトに刺繍をして土台と貼り合わせ、金具をつけた簡単に作れるブローチ。シャツやワンピース、帽子やコートなどにもよく合います。

13

ブローチ

作り方／p.78

大ぶりのブローチは、顔の近くにつけると小顔効果アップ。レストランでの食事などは、上半身におしゃれのポイントを作ると華やかな印象になります。

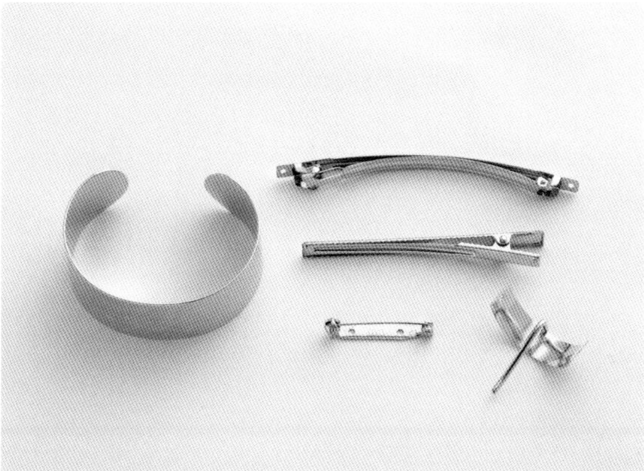

アクセサリー金具は手芸店やネット通販、100円均一でも手に入ります。刺繍をした布を接着剤で貼りつけるだけなので、工作感覚で楽しんでください。あまった端切れや糸なども有効活用できます。

14

メッセージ刺繍

作り方／p.79
刺繍図案／B面

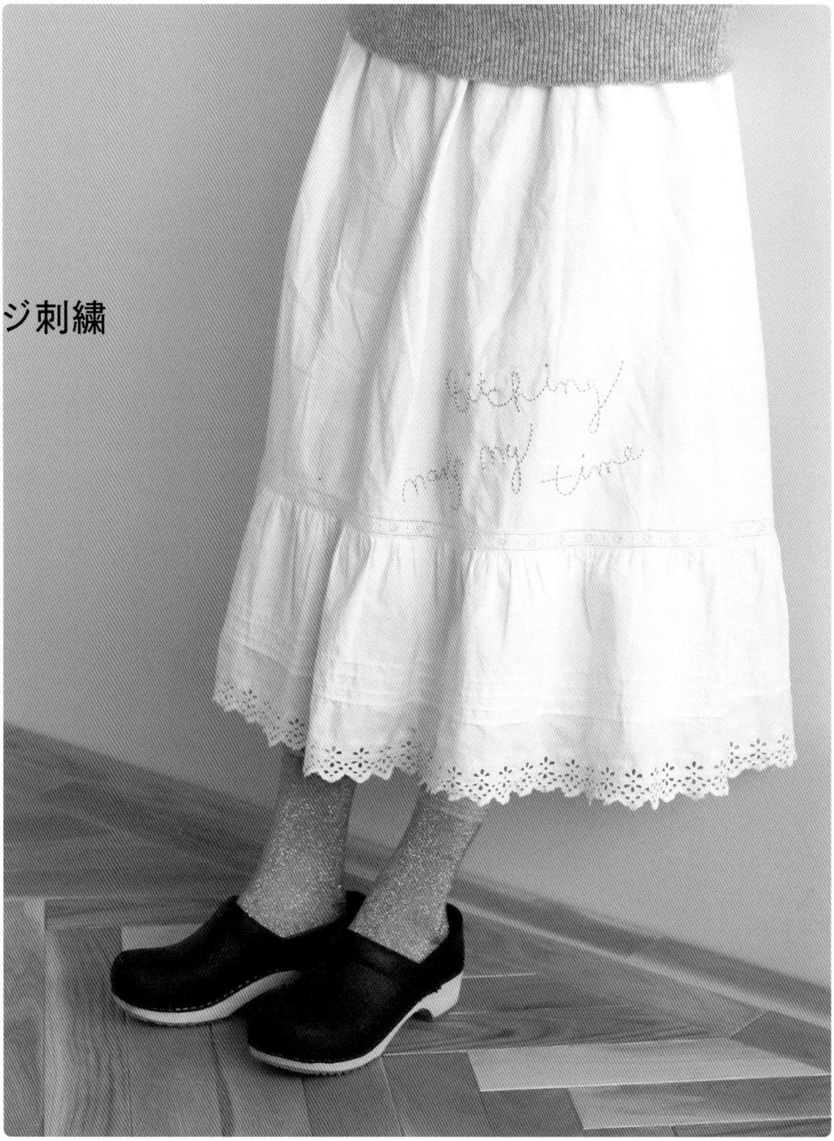

好きな言葉や座右の銘など、自由に
刺繍してみましょう。

Stitching
my
time.

刺し子との出会い

私が初めて洋服に刺し子をしたのは 16 年前。
息子が３歳の頃にはいていたデニムの膝が薄くなってきたので、
そこにぐるぐると刺し子を施しました。
転ばぬように願うお守りのような母の手仕事が、
小さな子どもにとてもよく似合っていました。
あまりにもその小さなデニムが可愛いので、
今もリビングにポスターを貼るように飾っています。
刺し子の縫い目には、人を癒やし、元気にする力があるような気がします。

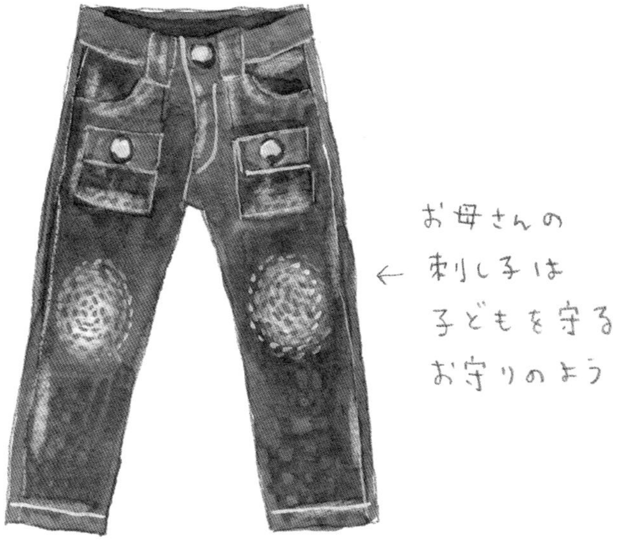
← お母さんの
刺し子は
子どもを守る
お守りのよう

HOW TO MAKE

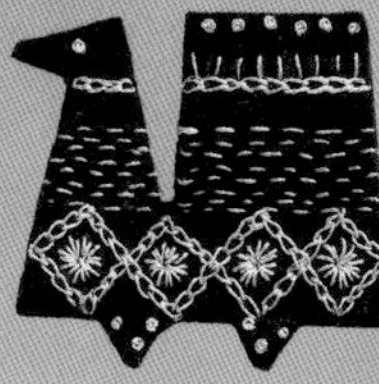

作り始める前に

〈ソーイングのこと〉

●この本で紹介する服のサイズはフリーサイズです。出来上がりの寸法は各作品の作り方のページを参照してください。

●布は裁断する前に地なおしをしましょう。水に通し、生乾きのうちに縦横にアイロンをかけて布目を整えます。

●実物大型紙には縫い代がついています。

●印つけは裁断後、布の間にチャコペーパーを挟んでルレットでつけるか、ノッチ（端から2〜3mmの切り込み）を入れます。

●ミシン糸とミシン針は布の素材と色に合わせて用意します。
掲載した作品は60番ミシン糸（普通地用）、11番ミシン針（一般布地用）を使用しています。

●イラスト内の数字の単位はcmです。

〈刺繍のこと〉

● Sはステッチの略です。

●図案に指定がないステッチは、図案どおりに1目刺すストレート・ステッチです。

●仕立てる前に刺繍をする場合、布は実際の寸法より大きく粗裁ちをしておきます。
刺繍をしたら型紙や寸法に合わせて裁断し直します。

使用布リスト　※(　)は本書掲載の作品番号

● C&S sunnydaysコットン／ブルー (1-a, 2-a)
● C&S コットンパピエギンガムチェック／ブラック(1-b, 2-b, 7-a)
● C&S やさしいリネン／チャコールグレー (3, 9-f, 11-b, 12-b)
● C&S 海のブロード／チャコールグレー (3※裏地)
● C&S やさしいリネン／ラベンデューラ(4-a, 10-c)
● C&S やさしいリネン／アンティークホワイト(4-b, 10-b, 10-e)
● C&S コットンシルクリンクル／キャラメルブラウン(5)
● C&S 天使のリネン／ホワイト(6)
● C&S sunnydayscheck／レッド×ホワイト(7-b)
● C&S sunnydayscheck／エバーグリーン×ホワイト 7mm (8-a)
● C&S sunnydayscheck／ブルー×ホワイト太(8-b)
● C&S カラーリネン／ブラック(9-a, 9-b, 9-e, 10-a, 10-d, 11-a, 12-a)
● C&S カラーリネン／アンティークホワイト(9-c)
● C&S やさしいリネン／トープ(9-d)
● C&S やさしいリネン／赤(9-g)
● C&S やさしいリネン／カナリーイエロー (9-h)

すべて CHECK&STRIPE

※作り方の材料欄では、布幅は一律110cmに統一しています。実際の布幅は違うことがあります。
※布の種類や色は、売り切れおよび販売中止の場合があるのでご了承ください。

刺し子ステッチ講座

糸について

刺し子糸

1本でふっくらとした線に仕上がる刺し子用の糸。色数も豊富。
DARUMA刺し子糸〈細〉〈合太〉カード巻

こぎん糸

青森県津軽地方の伝統工芸、こぎん刺し用の糸。刺し子糸より太く、より印象的なラインが描けます。
DARUMAこぎん糸

ラメ糸

シンプルな刺繍に上質感を与えてくれます。
（左、中）DMCディアマント
（右）ハマナカラメ糸

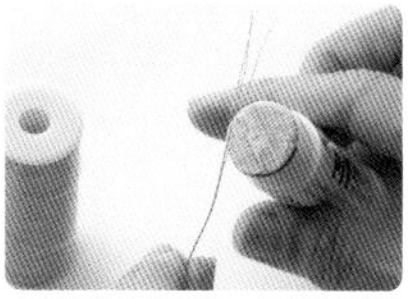

ラメ糸がほどけてボサボサになる時は、スティックのりを薄くつけると快適に縫えます。

布について

基本的にはどんな布でも刺繍はできます。なるべく針通りのよいものを選び、薄すぎて縫いづらいようなら裏に接着芯を貼って補強します。

綿（コットン）

縫いやすく、アイロンもきくので最も扱いやすい素材。ギンガムチェックは格子を利用して刺繍を楽しめます。

麻（リネン）

ざっくりとした風合いがあり、ナチュラルな雰囲気に仕上がることから服やバッグにぴったり。本書では最も多く使用しています。

針について

糸を通すことさえできれば家にあるもので十分。刺し子用の針は長いので3～4目一度に刺せて便利です。

その他の道具

チャコペン

本書では熱で消えるペンで図案を描いています。白いペンは濃色の布にも繊細な線が描けて便利。ネット通販などでも手に入ります。

刺繍枠

場合によって使ったり、使わなかったりします。接着芯を貼った布などは、糸を引きすぎないように注意すれば、枠なしでも特に問題なし。

図案の写し方

[その1] チャコペーパーを使う

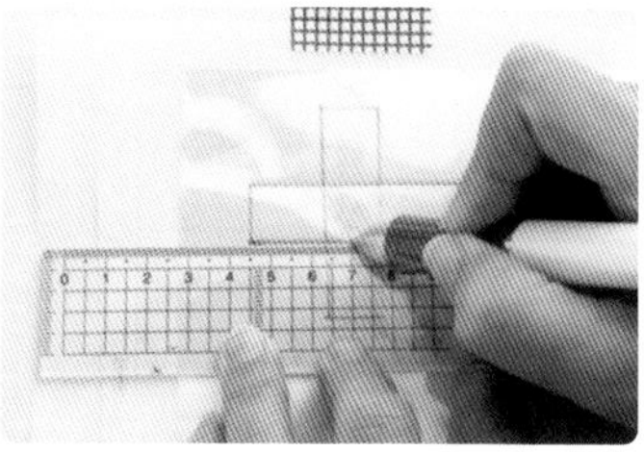

片面チャコペーパーを布に重ねて写し取ります。万能かつ最も一般的な方法です。フリーハンドの図案などに向いています。

重ねる順番は下から、布→片面チャコペーパー（チョーク面を下に）→図案のコピー→セロハン

セロハンの上から図案を強くなぞると布に写ります。ずれないようにマスキングテープで留めるとよいでしょう。

[その2] 直接描く

連続模様などは定規や丸いテンプレートなどを使って、じかに布に描いてもOK。

▼

図案のコピーを切り抜いて型紙を作る方法もあります。同じモチーフの繰り返しの図案などには効率的な方法です。

[その3] 点を打つ

四角刺繍（下記参照）などは5㎜間隔に点が描ける定規とチャコペンを使用。

クロバー スモッキングテンプレート

▼

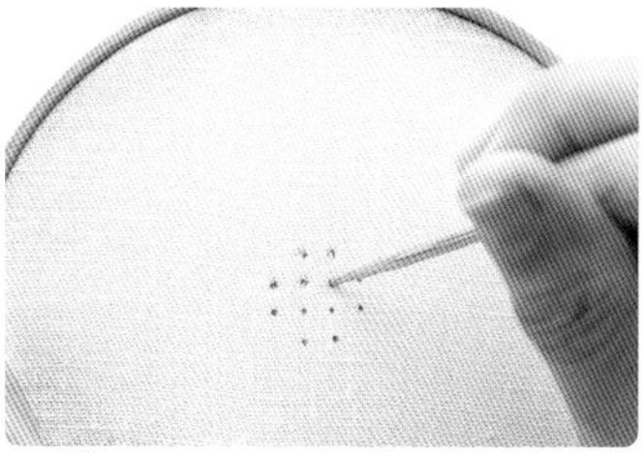

ペンで描いたあと、目打ちで穴を開けておくと同じ穴に何度も針を通すので作業しやすい。

四角刺繍のしかた

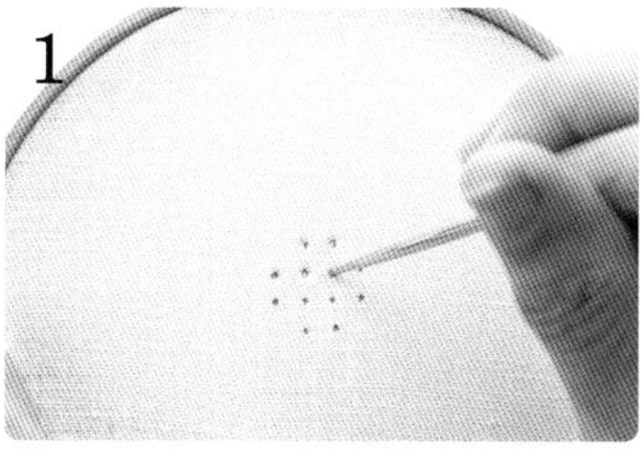

チャコペンなどで等間隔に点を描き、目打ちで穴を開けます。刺繍枠を使うと作業しやすい。

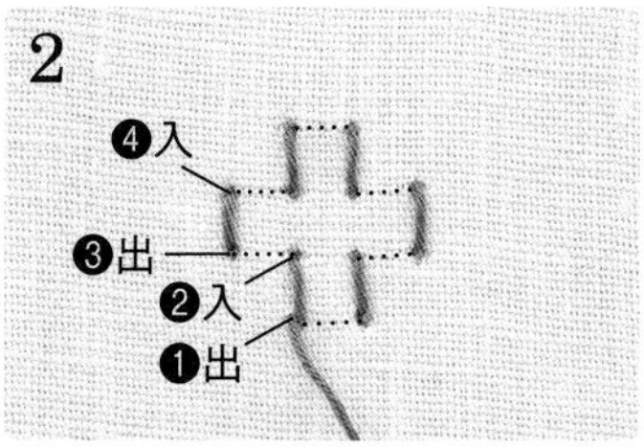

玉結びをして裏から針を出し、図案の縦の線を刺しながら時計回りに1周し、❶にまた針を出します。

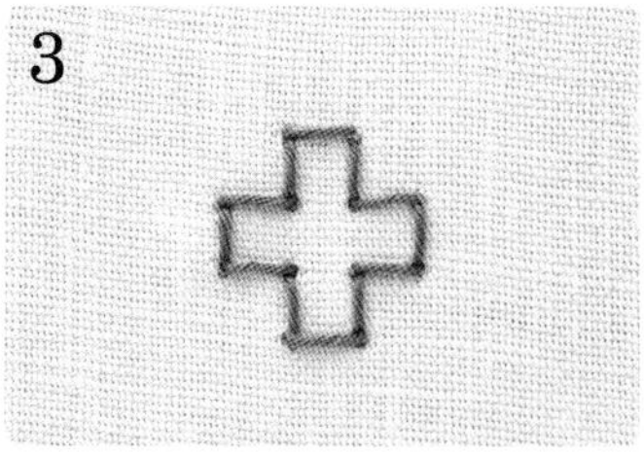

1周めとは逆の方向の反時計回りで、今度は横の線を刺しながら1周します。使う糸の量が少なくてすみます。

いろいろなステッチ

はじめは玉結び、終わりは玉留め

裏で玉結び、玉留めをしないという方法もありますが、服や裏地つきのバッグなど、裏が見えない場合は玉留めでもOK。

（裏）

なみなみ

なみ縫い、もしくはランニングステッチともいいます。直線部分は3～4目ずつすくい、目が不揃いでもそれが表情になります。

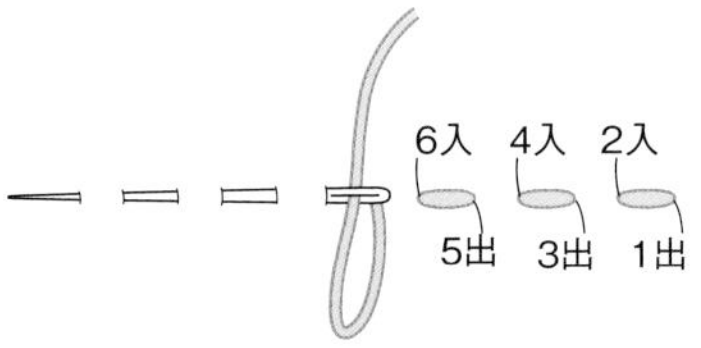

まきまき

先になみ縫いをしておき、別の糸を巻きつけていきます。針のお尻から入れると糸を割りにくくなります。同じ糸だと太く印象的な線になり、違う色の糸だとねじりアメのようなおもしろいデザインに。

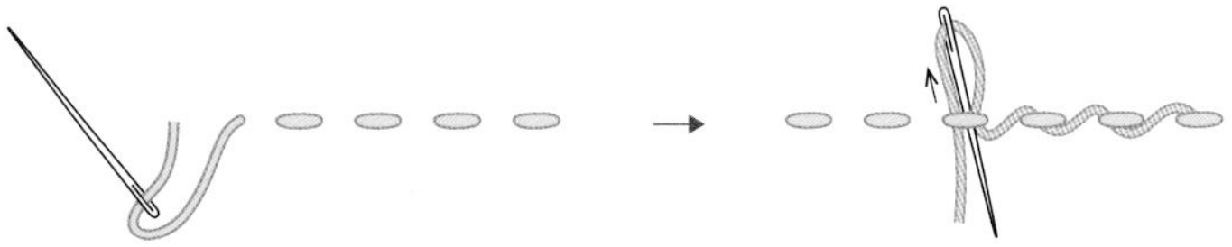

くるくる

ひと針ごとに糸をかけ、結び目を作るようにして進みます。ポコポコとした存在感のある縫い目になります。

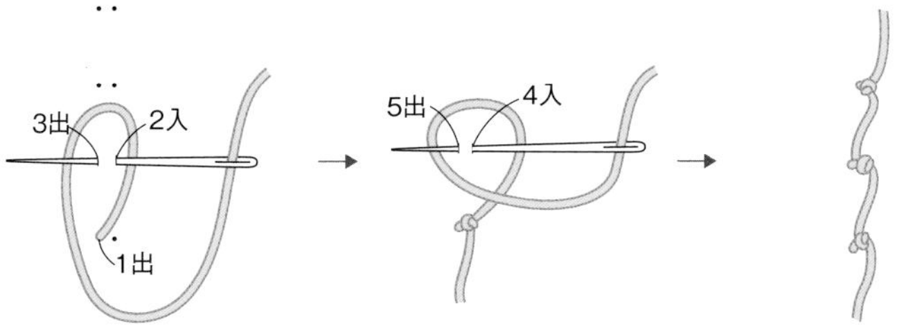

チェーン・ステッチ

くさりをつないだように見えるステッチ。糸を強く引きすぎると線のようになってしまうので、引きすぎず、ふっくらとした形に仕上げます。

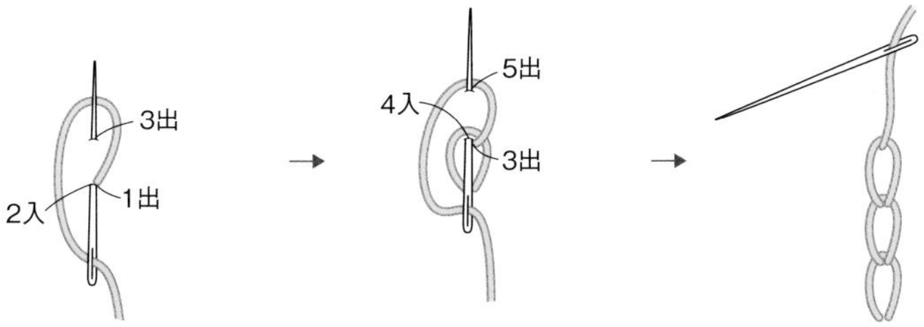

フレンチナッツ・ステッチ

本書ではすべて1回または2回巻き。大きめにしたい時は糸を2本どりにする。

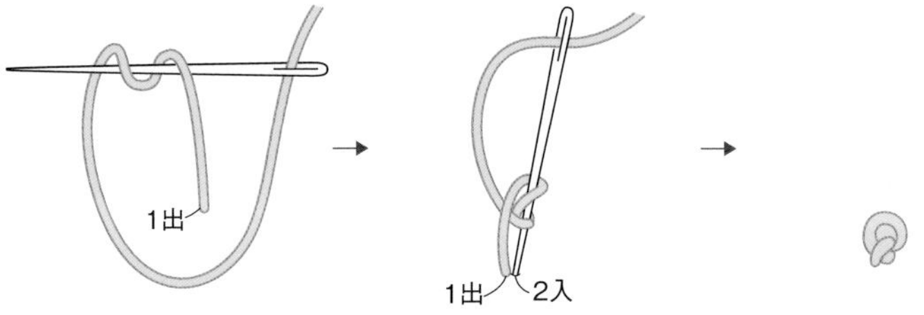

ドット

綿毛のような印象的なステッチ。中心に糸が集まりすぎないように刺すのがコツです。

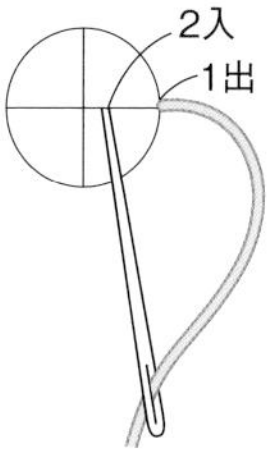

1

1周めは中心から少しはずれた位置に針を入れます。

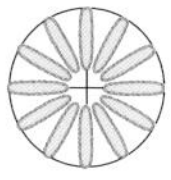

2

等間隔でぐるりと一周します。

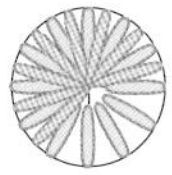

3

2周めは端から中心に針を入れ、1周めの間を埋めるように刺していきます。

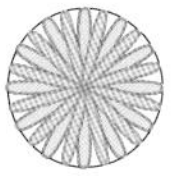

4

出来上がり。

ドーナッツ

ドットの発展形。真ん中に穴が残るように放射状に刺していきます。

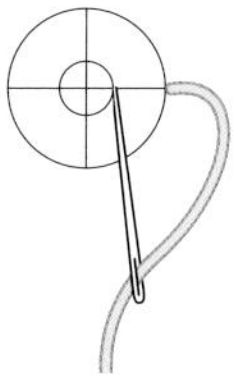

1

外側の円から針を出し、内側の円に入れます。

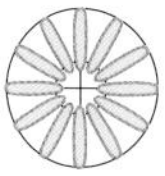

2

等間隔でぐるりと一周します。

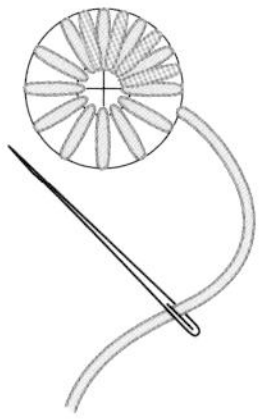

3

2周めは1周めの間に刺していきます。

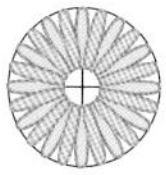

4

できあがり。もっとふっくらとさせたい場合はさらに1周刺します。

ちょうちょ

ちょうちょのようにも、猫のヒゲのようにも見えるステッチ。5本クロスさせて刺してから中心を留めます。

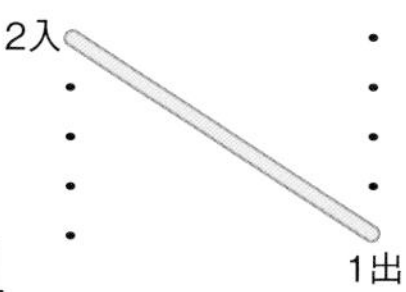

1

刺す順番はお好みですが、外側から刺すとバランスよくまとまります。

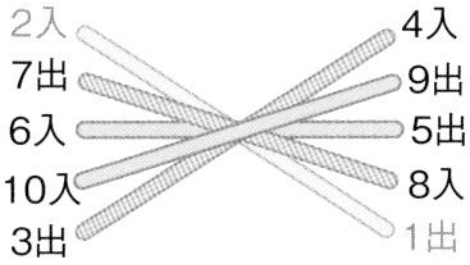

2

外側2本→真ん中1本の順に刺し、間2本を刺します。計5本。

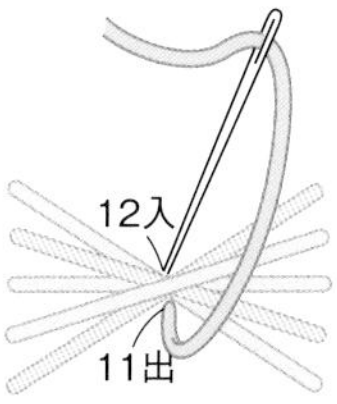

3

中心に針を出し、留めるようにして刺します。

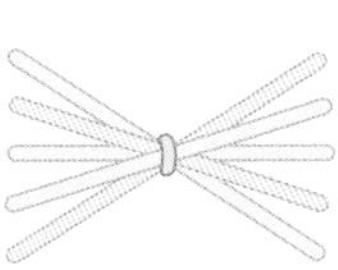

4

出来上がり。

みかん

ブランケット・ステッチの要領で、ぐるりと丸い円を刺します。

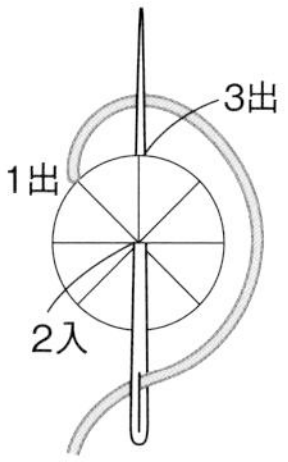

1

円周上から針を出し、中心に刺して糸をかけ、円周上に出します。

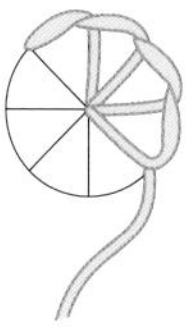

2

繰り返して1周します。

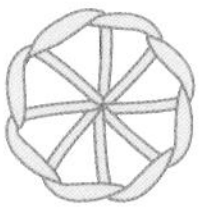

3

出来上がり。

01　ブラウス

写真／p.6-8
実物大型紙と刺繍図案／A面

●出来上がり寸法

バスト…131cm
着丈(肩から裾まで)…前51cm、後ろ58cm
袖丈…15cm

●材料

表布(aコットンのしわ加工／bコットンのギンガムチェック)
…110cm幅×180cm
接着芯…10×15cm
直径1.2cmのボタン…1個
刺繍糸…a DARUMA刺し子糸〈合太〉カード巻201(白)、
　　　b DARUMA刺し子糸〈合太〉カード巻202(きなり)

●ポイント

aの刺繍は作り方②で、bの刺繍は作り方⑦でする。

裁ち合わせ図

※▒は裏に接着芯を貼るところ

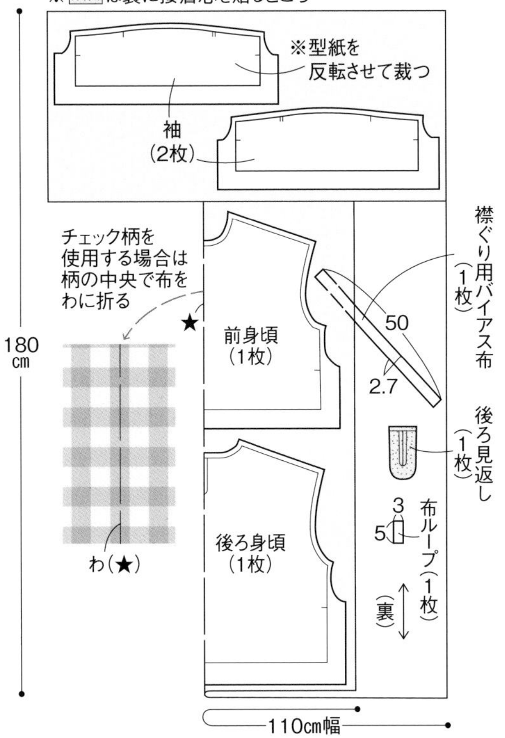

〈作り方〉

① 裾と袖口を始末する

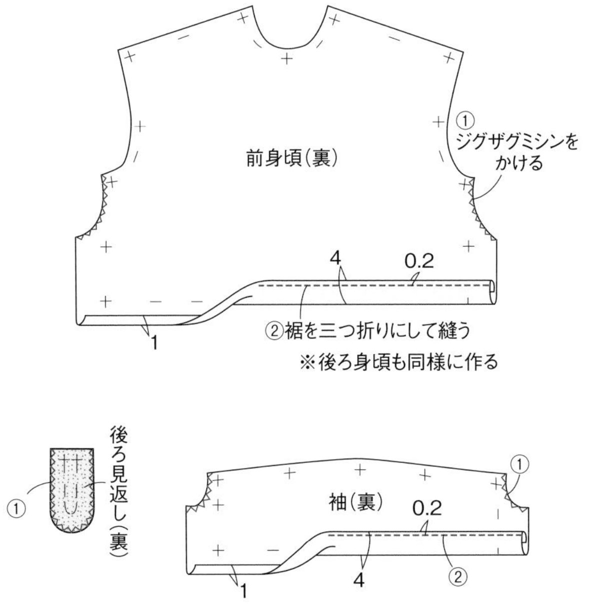

② 後ろ見返しをつける

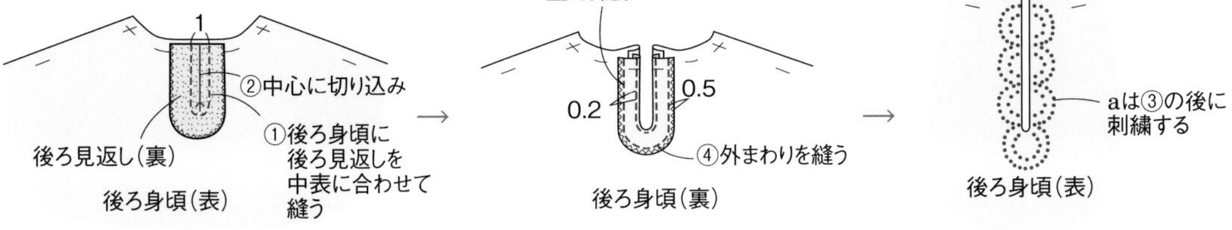

3 肩と脇を縫い、スリットを作る

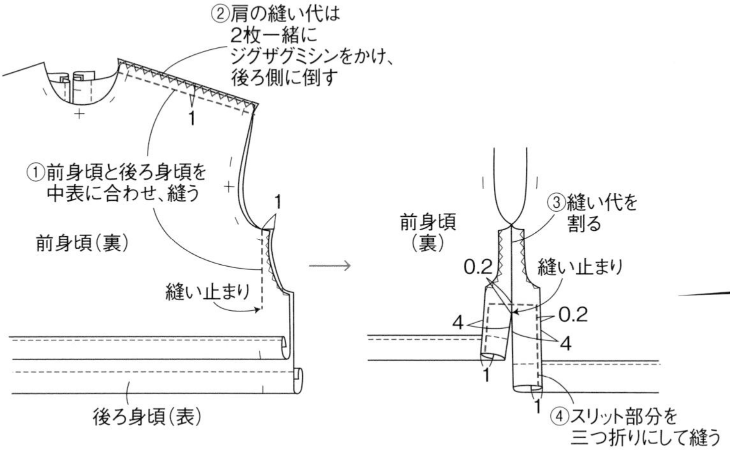
②肩の縫い代は
2枚一緒に
ジグザグミシンをかけ、
後ろ側に倒す
1
①前身頃と後ろ身頃を
中表に合わせ、縫う
1
前身頃（裏）
縫い止まり
後ろ身頃（表）
前身頃
（裏）
③縫い代を
割る
0.2
縫い止まり
0.2
4
4
1
1
④スリット部分を
三つ折りにして縫う

4 布ループを作る

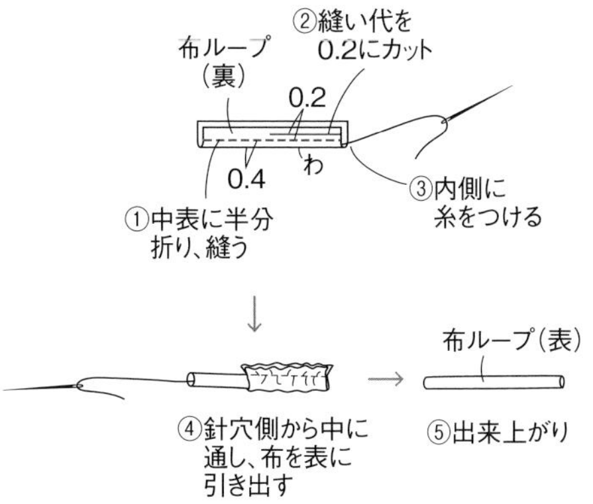
②縫い代を
0.2にカット
布ループ
（裏）
0.2
わ
0.4
①中表に半分
折り、縫う
③内側に
糸をつける
布ループ（表）
④針穴側から中に
通し、布を表に
引き出す
⑤出来上がり

5 襟ぐりをバイアス布で始末する

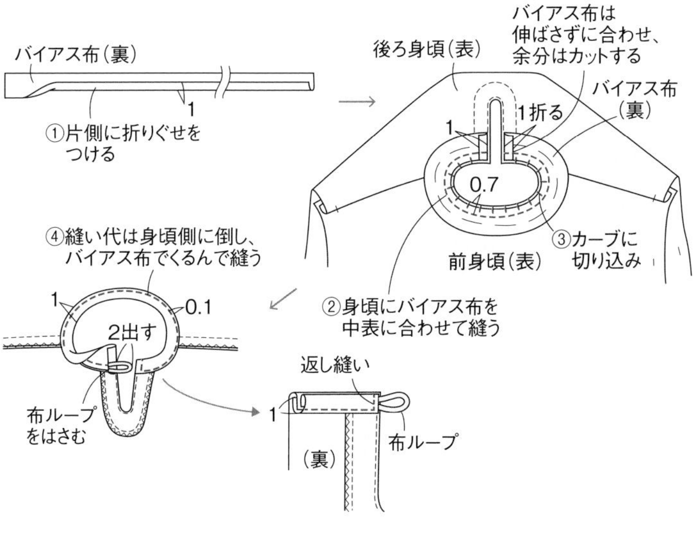
バイアス布（裏）
1
①片側に折りぐせを
つける
後ろ身頃（表）
バイアス布は
伸ばさずに合わせ、
余分はカットする
バイアス布
（裏）
1
1折る
0.7
③カーブに
切り込み
前身頃（表）
②身頃にバイアス布を
中表に合わせて縫う
④縫い代は身頃側に倒し、
バイアス布でくるんで縫う
1
0.1
2出す
布ループ
をはさむ
返し縫い
1
（裏）
布ループ

6 袖を作り、つける

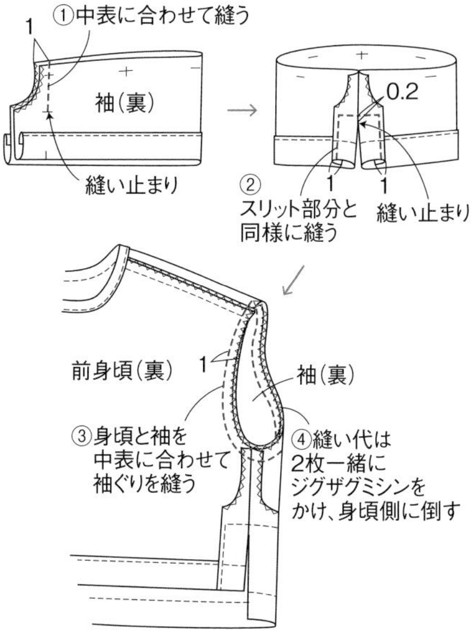
1
①中表に合わせて縫う
袖（裏）
縫い止まり
0.2
②
スリット部分と
同様に縫う
1
1
縫い止まり
前身頃（裏）
1
袖（裏）
③身頃と袖を
中表に合わせて
袖ぐりを縫う
④縫い代は
2枚一緒に
ジグザグミシンを
かけ、身頃側に倒す

7 仕上げる

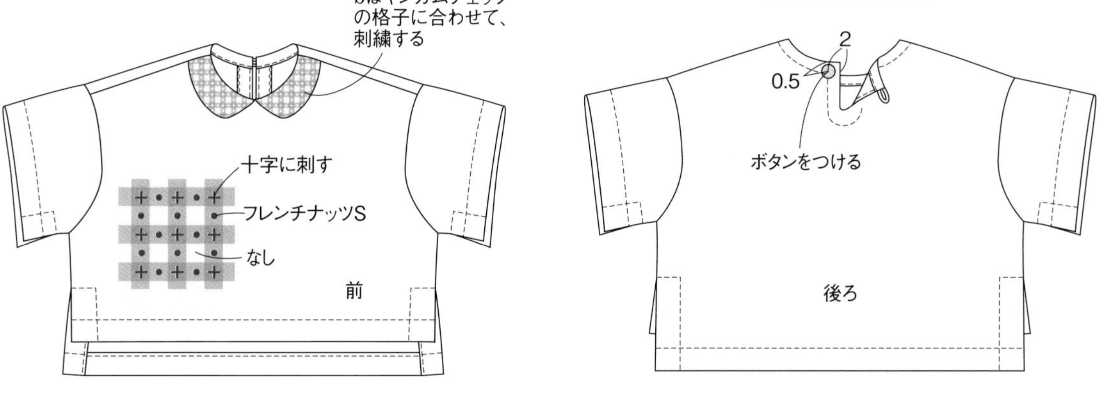
bはギンガムチェック
の格子に合わせて、
刺繍する
十字に刺す
フレンチナッツS
なし
前
2
0.5
ボタンをつける
後ろ

02 キュロット

写真／ p.6-7
実物大型紙／ A 面

●出来上がり寸法

ウエスト（ゴムテープなしの状態）…110cm
ヒップ…230cm
パンツ丈（ウエストベルト除く）…76cm

●材料

表布（a コットンのしわ加工／b コットンのギンガムチェック）
…110cm幅×340cm
接着芯…1.5cm角×2枚
1cm幅の綿テープ…182cm
1.5cm幅のゴムテープ…72cm×2本

●ポイント

ゴムテープは多めに用意し、試着してから長さを切るとよい。

〈裁ち合わせ図〉

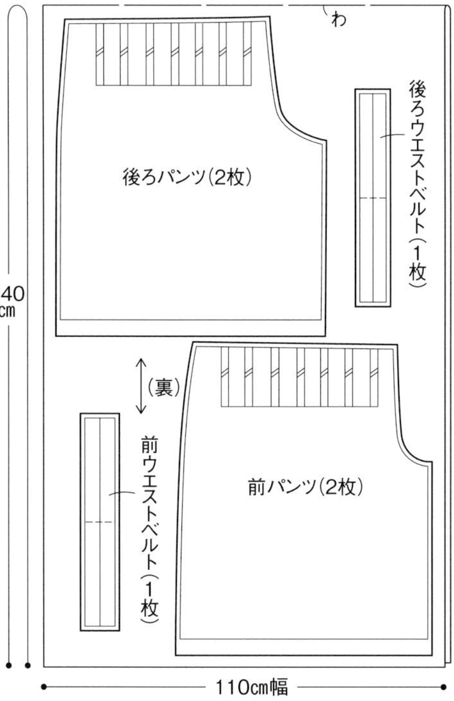
わ
後ろパンツ（2枚）
後ろウエストベルト（1枚）
340cm
（裏）
前パンツ（2枚）
前ウエストベルト（1枚）
110cm幅

〈作り方〉

① タックを作る

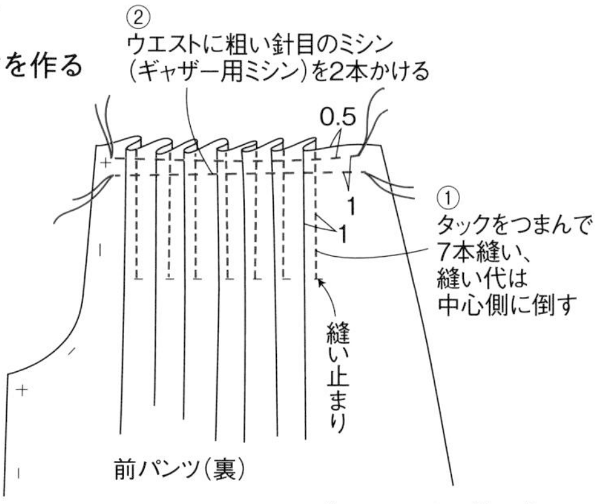
②
ウエストに粗い針目のミシン
（ギャザー用ミシン）を2本かける
0.5
1
1
①
タックをつまんで
7本縫い、
縫い代は
中心側に倒す
縫い止まり
前パンツ（裏）

※後ろパンツも同様に作る

② 脇と股下を縫う

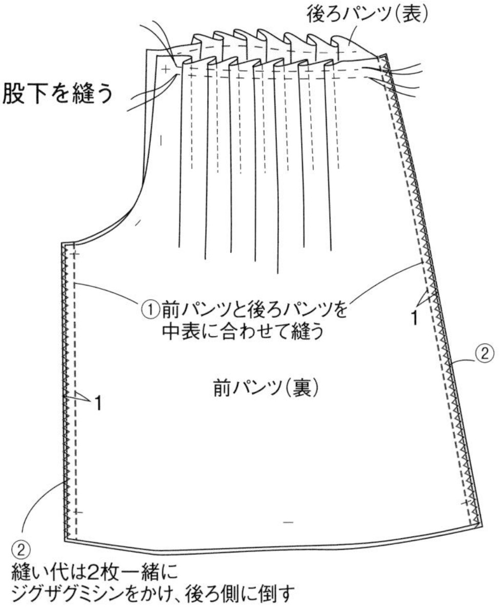
後ろパンツ（表）
①前パンツと後ろパンツを
中表に合わせて縫う
1
②
前パンツ（裏）
1
②
縫い代は2枚一緒に
ジグザグミシンをかけ、後ろ側に倒す

3 股ぐりを縫う

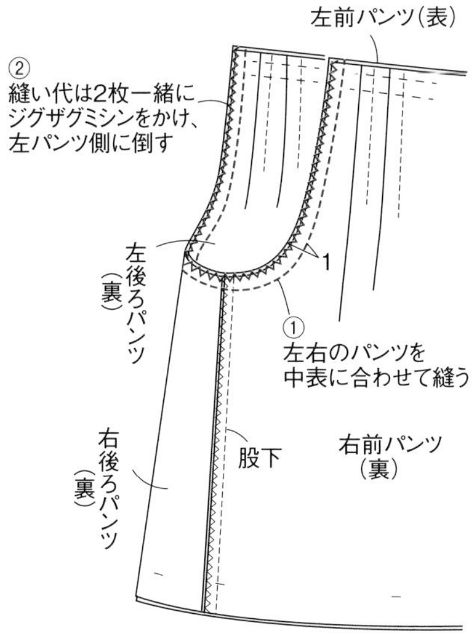

左前パンツ(表)
②
縫い代は2枚一緒に
ジグザグミシンをかけ、
左パンツ側に倒す
1
左後ろパンツ(裏)
①
左右のパンツを
中表に合わせて縫う
右後ろパンツ(裏)
股下
右前パンツ
(裏)

4 ウエストベルトを作る

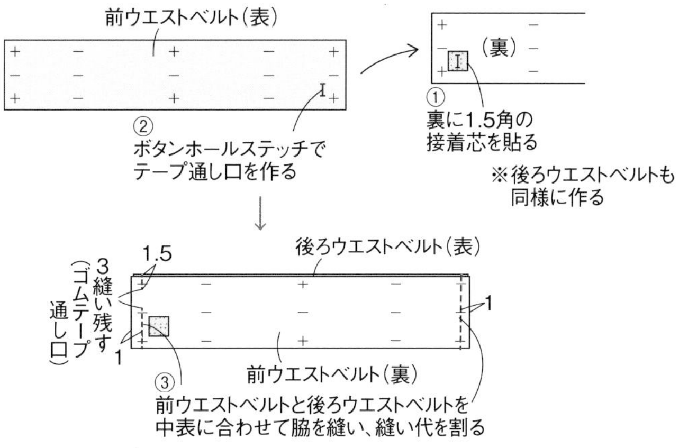

前ウエストベルト(表)
(裏)
①
裏に1.5角の
接着芯を貼る
②
ボタンホールステッチで
テープ通し口を作る
※後ろウエストベルトも
同様に作る
後ろウエストベルト(表)
1.5
3縫い残す
(ゴムテープ通し口)
1
1
前ウエストベルト(裏)
③
前ウエストベルトと後ろウエストベルトを
中表に合わせて脇を縫い、縫い代を割る

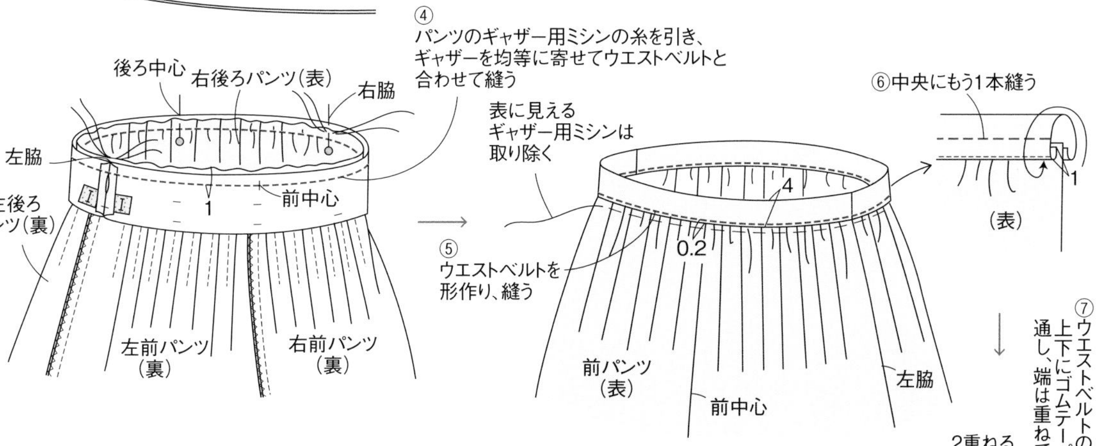

④
パンツのギャザー用ミシンの糸を引き、
ギャザーを均等に寄せてウエストベルトと
合わせて縫う
後ろ中心
右後ろパンツ(表)
右脇
左脇
1
前中心
左後ろ
パンツ(裏)
左前パンツ
(裏)
右前パンツ
(裏)
表に見える
ギャザー用ミシンは
取り除く
4
0.2
⑤
ウエストベルトを
形作り、縫う
前パンツ
(表)
前中心
左脇
⑥中央にもう1本縫う
1
(表)

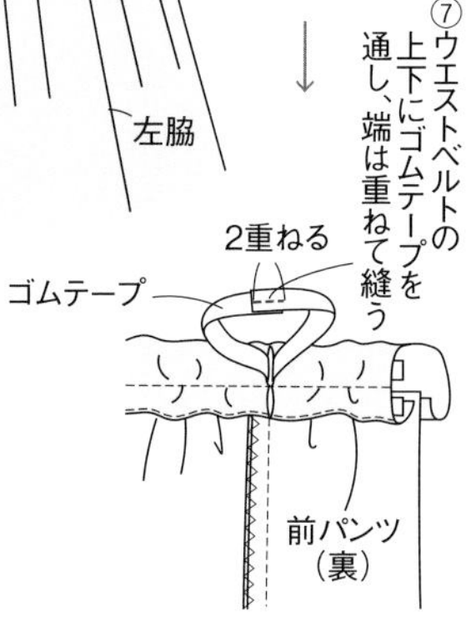

⑦ウエストベルトの
上下にゴムテープを
通し、端は重ねて縫う
2重ねる
ゴムテープ
前パンツ
(裏)

5 裾を始末し、ウエストに綿テープを通す

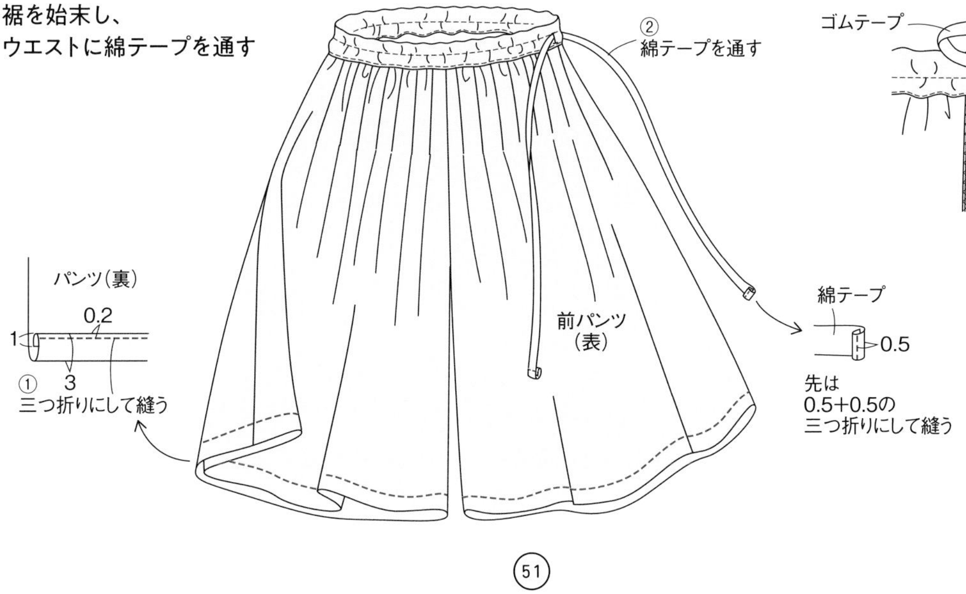

②
綿テープを通す
前パンツ
(表)
パンツ(裏)
0.2
1
3
①
三つ折りにして縫う
綿テープ
0.5
先は
0.5+0.5の
三つ折りにして縫う

03 ベスト

写真／ p.9-11
実物大型紙と刺繍図案／ B 面

●出来上がり寸法

着丈(肩から裾まで)…49.4cm

●材料

表布…(リネン)110cm幅×65cm
裏布…(コットン)110cm幅×65cm
接着キルト芯…92cm幅×80cm
ひも(ツイストタイプ)…50cm×4本
刺繍糸…DARUMA刺し子糸〈合太〉カード巻 228(うぐいす)、229(ねずみ)

●ポイント

表布の前身頃、後ろ身頃それぞれ
接着キルト芯を貼ってから刺繍をし、作り始める。
裾布も表布側に接着キルト芯を貼る。

〈裁ち合わせ図〉

表布、裏布共通

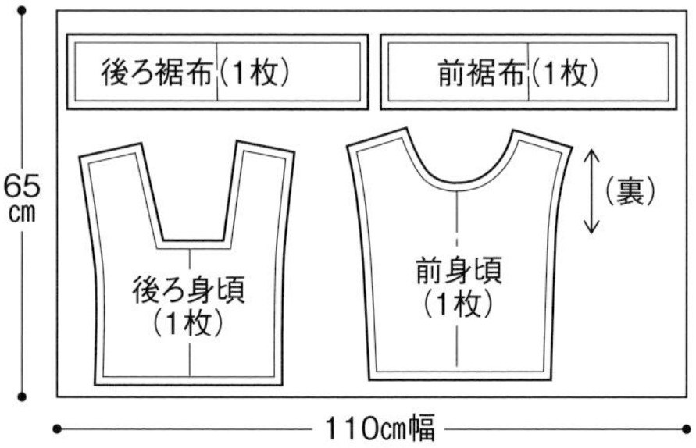

接着キルト芯

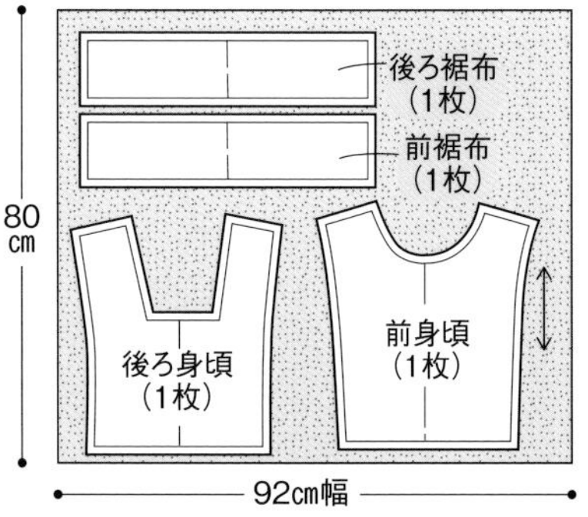

〈作り方〉

1 身頃を作る

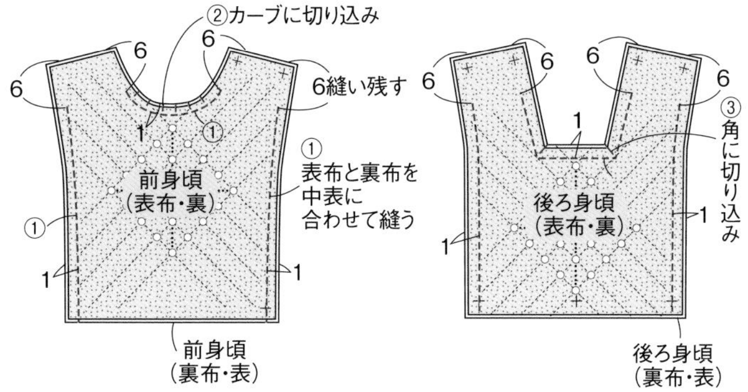

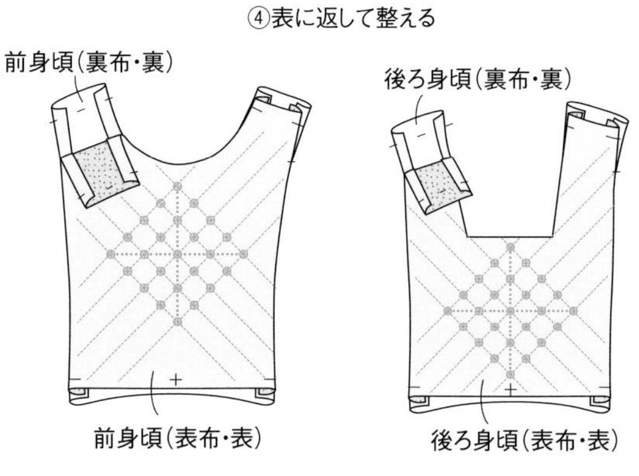

2 肩を縫う

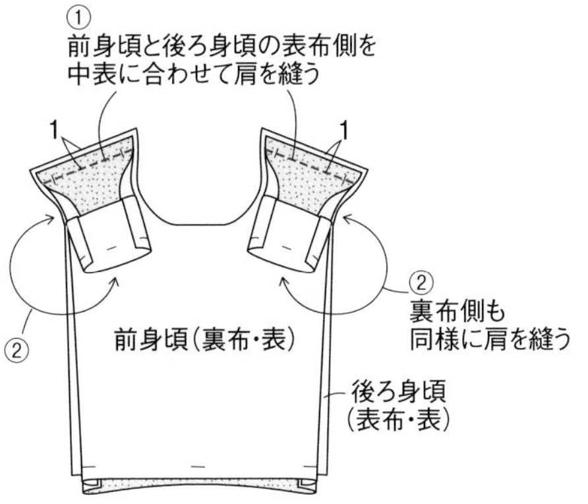
①
前身頃と後ろ身頃の表布側を
中表に合わせて肩を縫う
1
1
②
裏布側も
同様に肩を縫う
②
前身頃（裏布・表）
後ろ身頃
（表布・表）

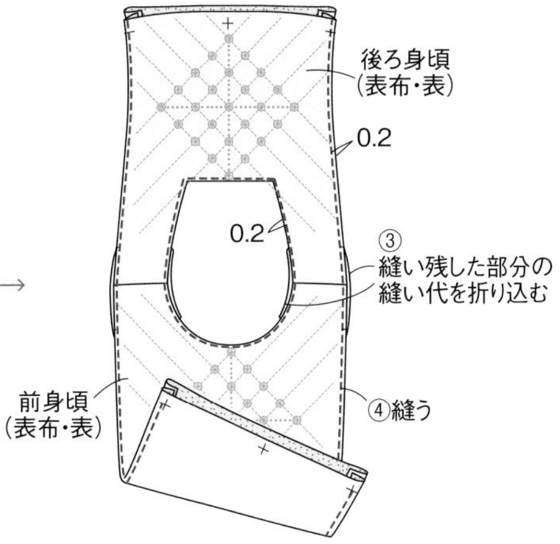
後ろ身頃
（表布・表）
0.2
0.2
③
縫い残した部分の
縫い代を折り込む
前身頃
（表布・表）
④縫う

3 裾布を作り、つける

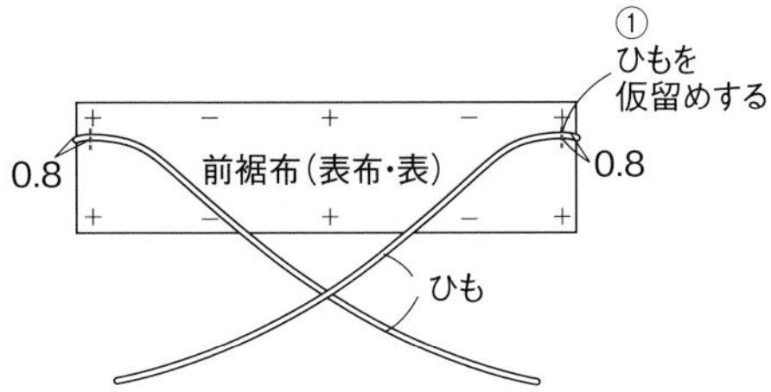
①
ひもを
仮留めする
0.8
前裾布（表布・表）
0.8
ひも

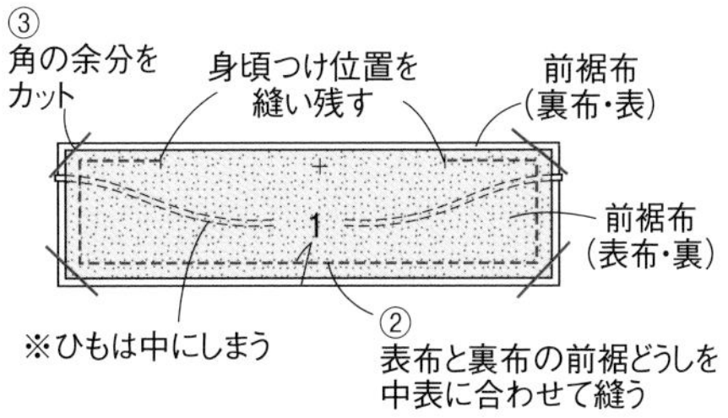
③
角の余分を
カット
身頃つけ位置を
縫い残す
前裾布
（裏布・表）
1
前裾布
（表布・裏）
※ひもは中にしまう
②
表布と裏布の前裾どうしを
中表に合わせて縫う

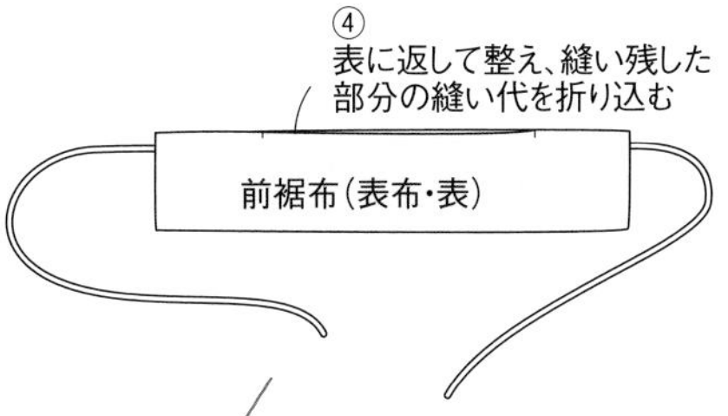
④
表に返して整え、縫い残した
部分の縫い代を折り込む
前裾布（表布・表）

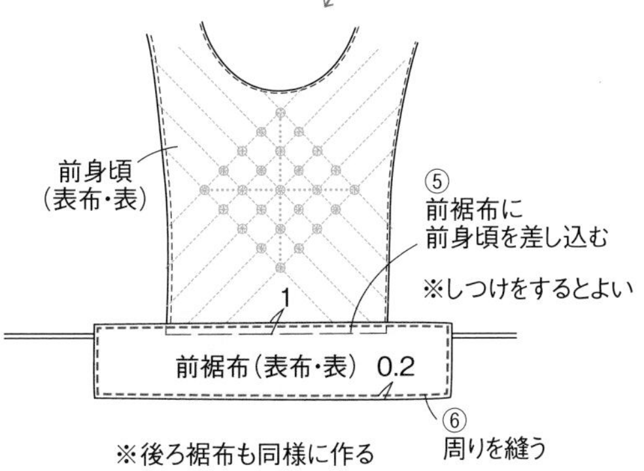
前身頃
（表布・表）
⑤
前裾布に
前身頃を差し込む
※しつけをするとよい
1
前裾布（表布・表） 0.2
⑥
周りを縫う
※後ろ裾布も同様に作る

4 仕上げる

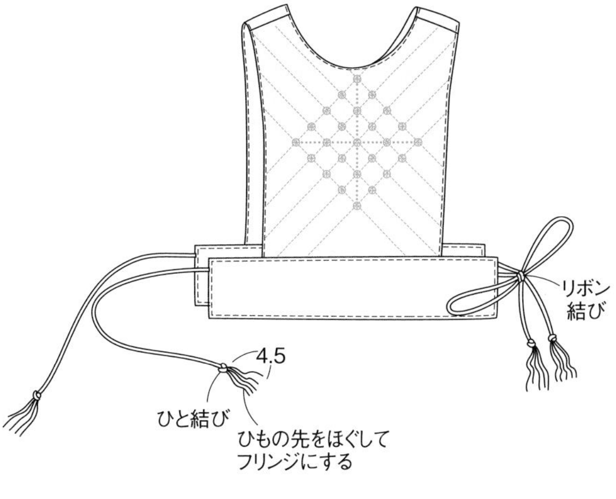
リボン
結び
4.5
ひと結び
ひもの先をほぐして
フリンジにする

04 エプロン

写真／p.12-15
実物大型紙と刺繍図案／A面
くるみボタンの刺繍図案／p.56

●出来上がり寸法

着丈(肩から裾まで)…122cm

●材料

表布…(リネン)110cm幅×320cm
接着芯…40×70cm
接着キルト芯…45×25cm
直径4cmのくるみボタン(つつみボタン)…2個
直径1.8cmのスナップボタン…2組
刺繍糸…DARUMA刺し子糸〈合太〉カード巻202(きなり)、217(白ねず)
手芸用接着剤

●ポイント

表ポケット(接着キルト芯を貼る)とくるみボタン用の布
それぞれ2枚ずつに刺繍をしてから作り始める。

〈作り方〉

1 くるみボタンを作る

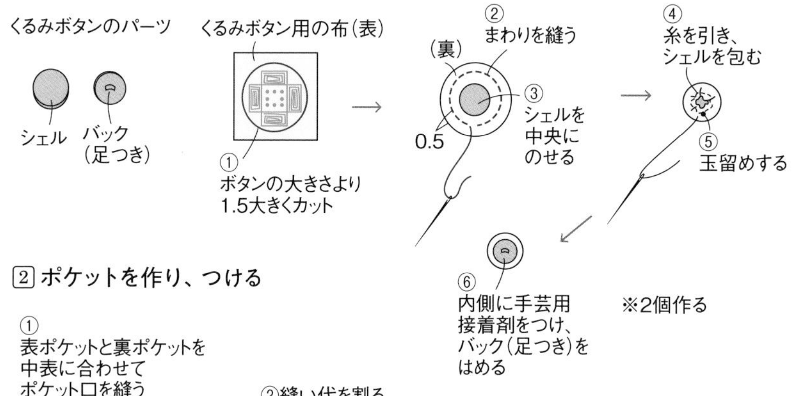

2 ポケットを作り、つける

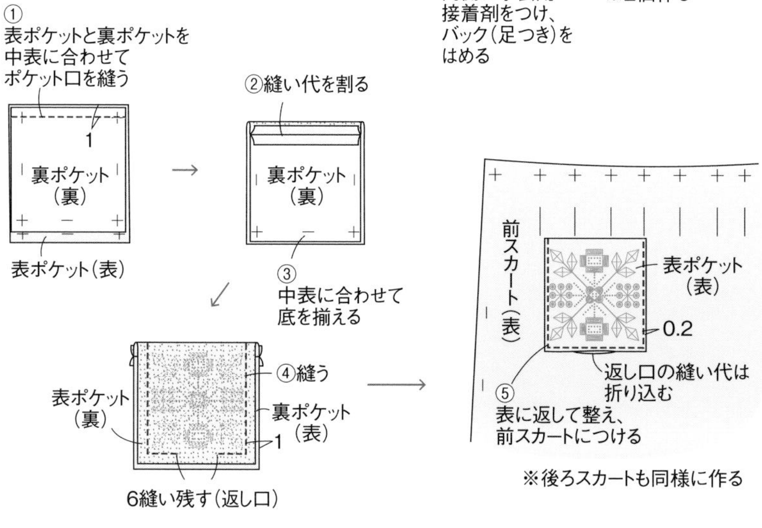

〈裁ち合わせ図〉

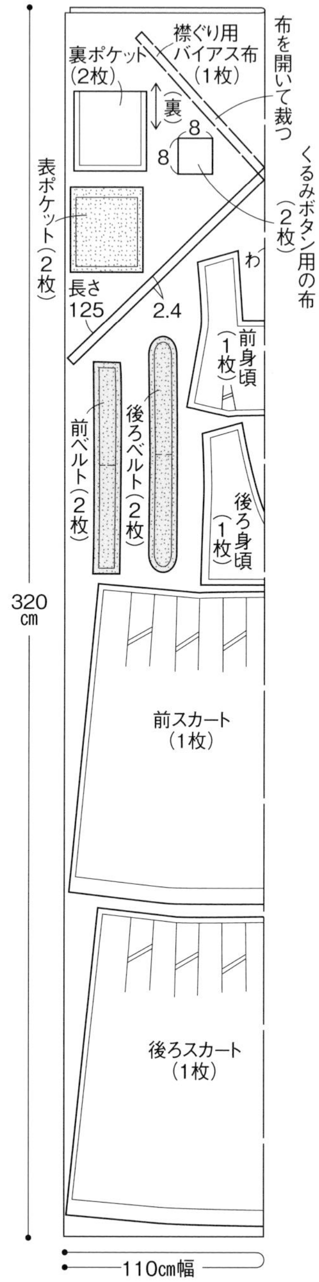

※ ▒ は裏に接着芯を貼る
※ ░ は裏に接着キルト芯を貼る

③スカートのタックをたたみ、脇を始末する

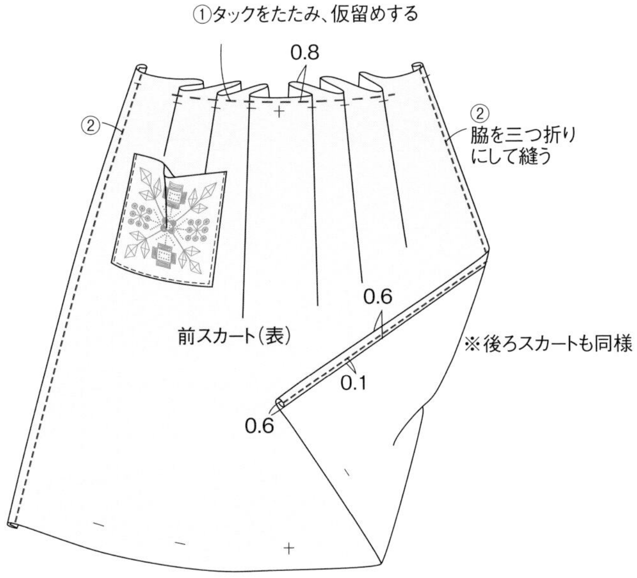

①タックをたたみ、仮留めする
0.8
②
②
脇を三つ折り
にして縫う
0.6
前スカート(表)
0.1
0.6
※後ろスカートも同様

④身頃を作る

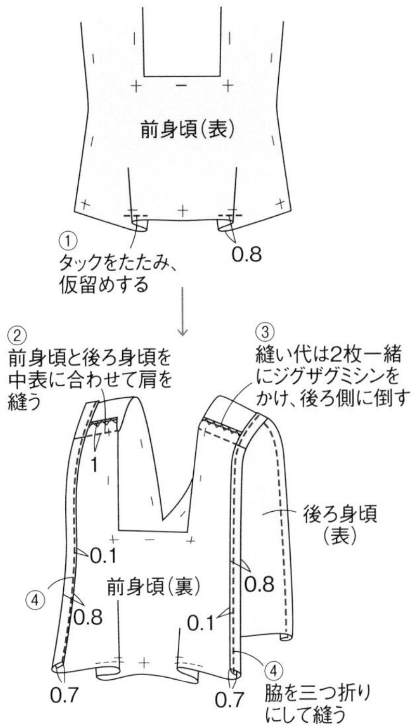

前身頃(表)
①
タックをたたみ、
仮留めする
0.8
②
前身頃と後ろ身頃を
中表に合わせて肩を
縫う
③
縫い代は2枚一緒
にジグザグミシンを
かけ、後ろ側に倒す
1
後ろ身頃
(表)
0.1
前身頃(裏)
0.8
④
0.8
0.1
0.7
0.7
④
脇を三つ折り
にして縫う

⑤襟ぐりをバイアス布で始末する

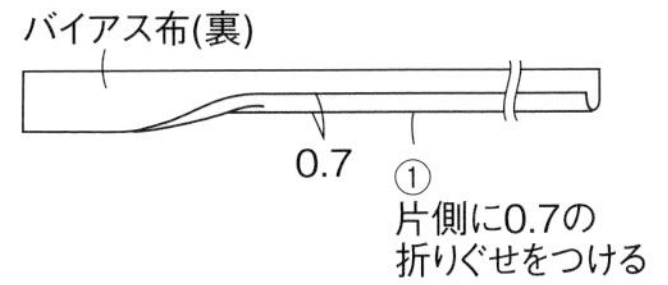

バイアス布(裏)
0.7
①
片側に0.7の
折りぐせをつける

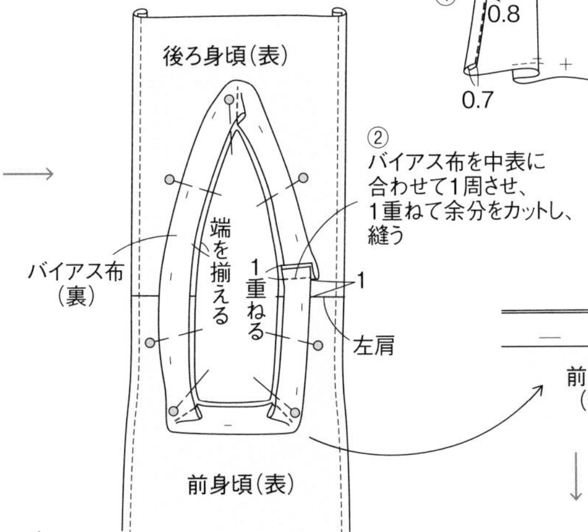

後ろ身頃(表)
②
バイアス布を中表に
合わせて1周させ、
1重ねて余分をカットし、
縫う
バイアス布
(裏)
端を揃える
1重ねる
1
左肩
前身頃(表)

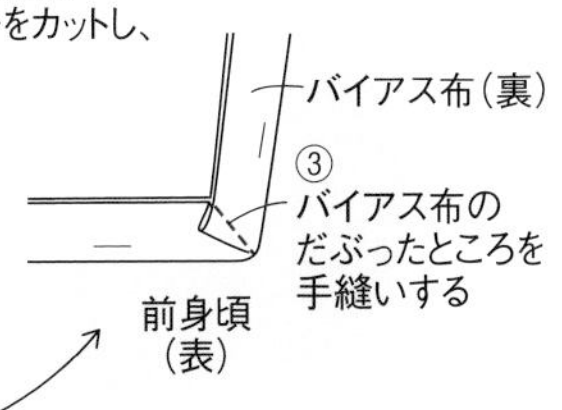

バイアス布(裏)
③
バイアス布の
だぶったところを
手縫いする
前身頃
(表)

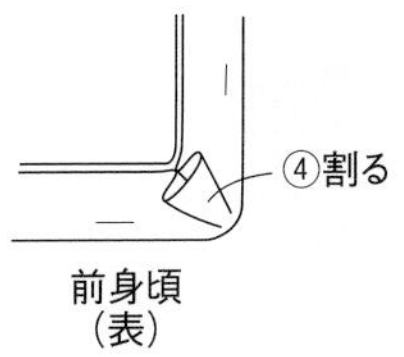

④割る
前身頃
(表)

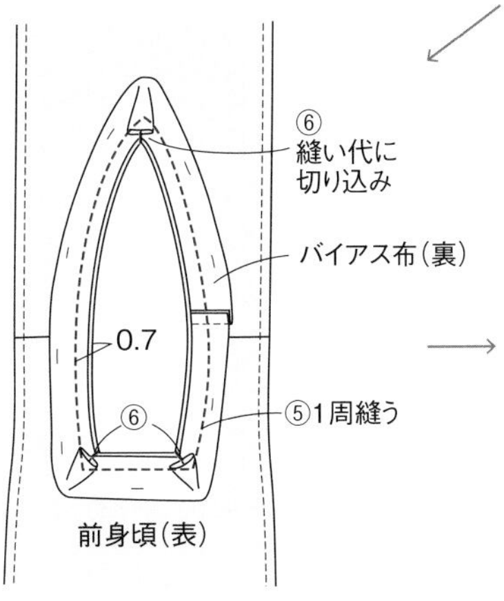

⑥
縫い代に
切り込み
バイアス布(裏)
0.7
⑥
⑤1周縫う
前身頃(表)

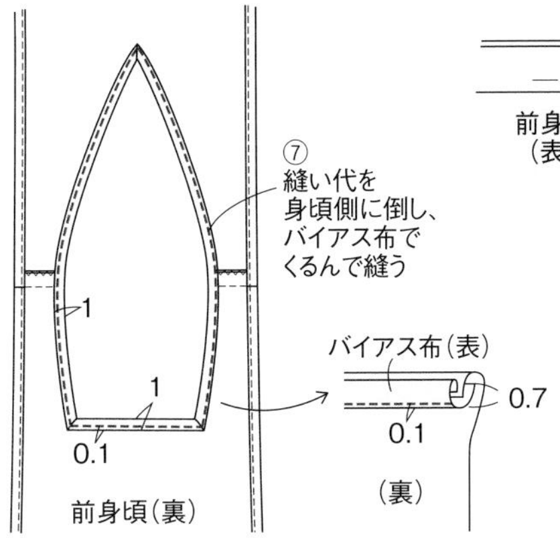

⑦
縫い代を
身頃側に倒し、
バイアス布で
くるんで縫う
1
1
0.1
前身頃(裏)
バイアス布(表)
0.7
0.1
(裏)

6 ベルトにスカート、身頃をつける

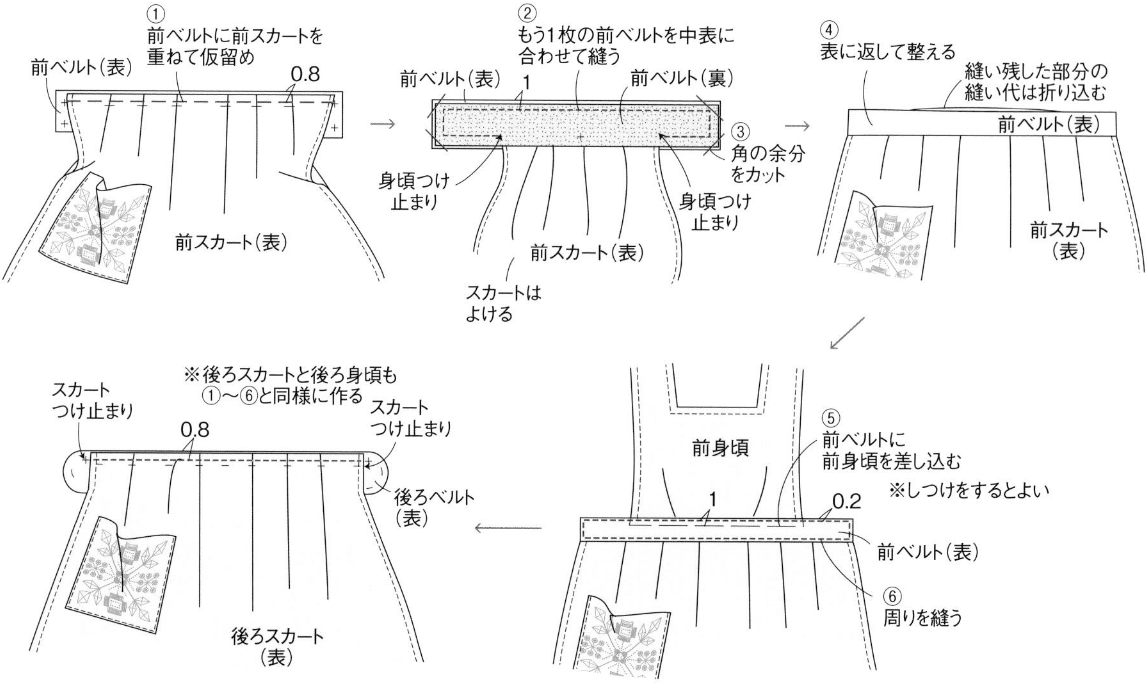
①
前ベルトに前スカートを
重ねて仮留め
前ベルト(表)
0.8
前スカート(表)
②
もう1枚の前ベルトを中表に
合わせて縫う
前ベルト(表)
1
前ベルト(裏)
③
角の余分
をカット
身頃つけ
止まり
身頃つけ
止まり
前スカート(表)
スカートは
よける
④
表に返して整える
縫い残した部分の
縫い代は折り込む
前ベルト(表)
前スカート
(表)
⑤
前ベルトに
前身頃を差し込む
※しつけをするとよい
前身頃
1
0.2
前ベルト(表)
⑥
周りを縫う
※後ろスカートと後ろ身頃も
①～⑥と同様に作る
スカート
つけ止まり
0.8
スカート
つけ止まり
後ろベルト
(表)
後ろスカート
(表)

7 裾を始末し、仕上げる

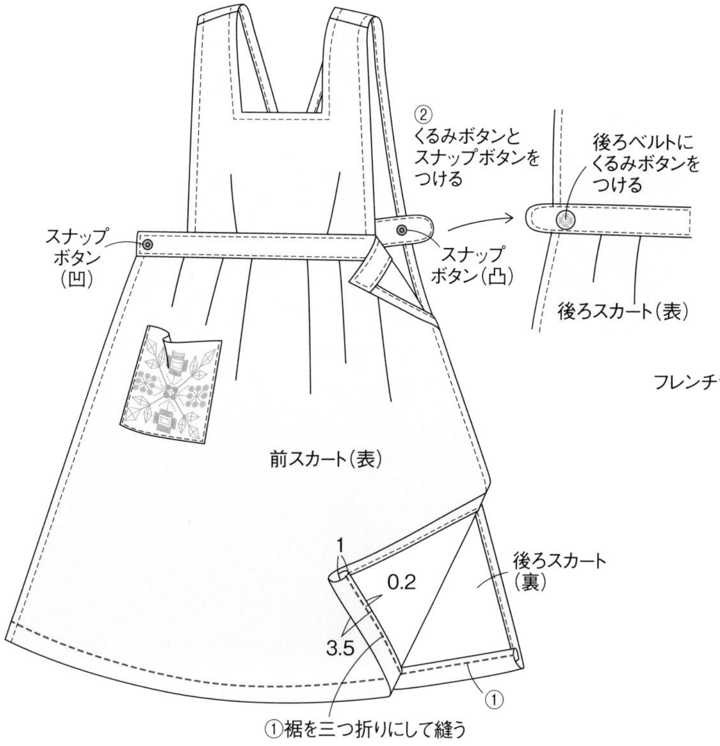
②
くるみボタンと
スナップボタンを
つける
スナップ
ボタン
(凹)
スナップ
ボタン(凸)
後ろベルトに
くるみボタンを
つける
後ろスカート(表)
前スカート(表)
1
0.2
3.5
後ろスカート
(裏)
①
①裾を三つ折りにして縫う

<実物大刺繍図案>

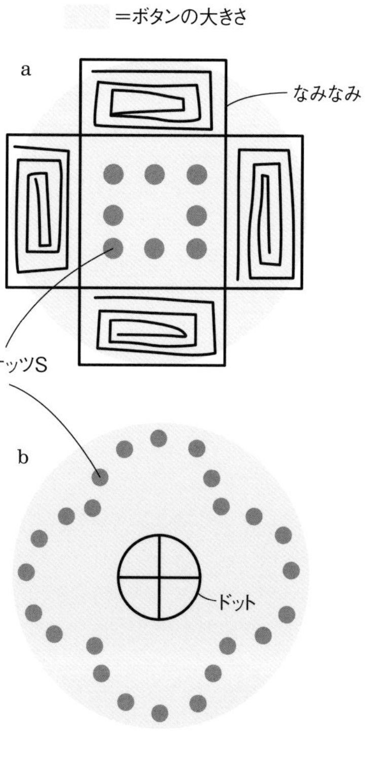
＝ボタンの大きさ
a
なみなみ
フレンチナッツS
b
ドット

05 ワンピース

写真／p.16-17
実物大型紙／B 面

●出来上がり寸法
着丈（肩から裾まで）…119cm
バスト…131cm
袖丈…52.5cm

●材料
表布…（コットンシルク）110cm幅×510cm
接着芯…80×60cm
1.5cm幅の伸び止め接着テープ…18cm×2枚
4cm幅のゴムテープ…27cm×2本
スプリングホック…1組
刺繍糸…ハマナカ ラメ糸（金）

●ポイント
表ヨークの刺繍は作り方4である。

〈作り方〉

1 ポケットを作る

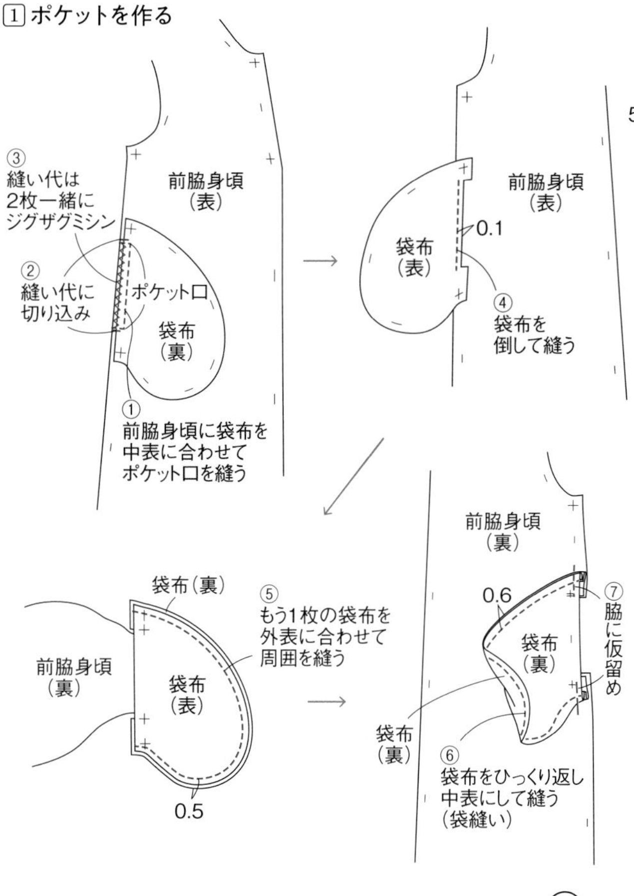

〈裁ち合わせ図〉

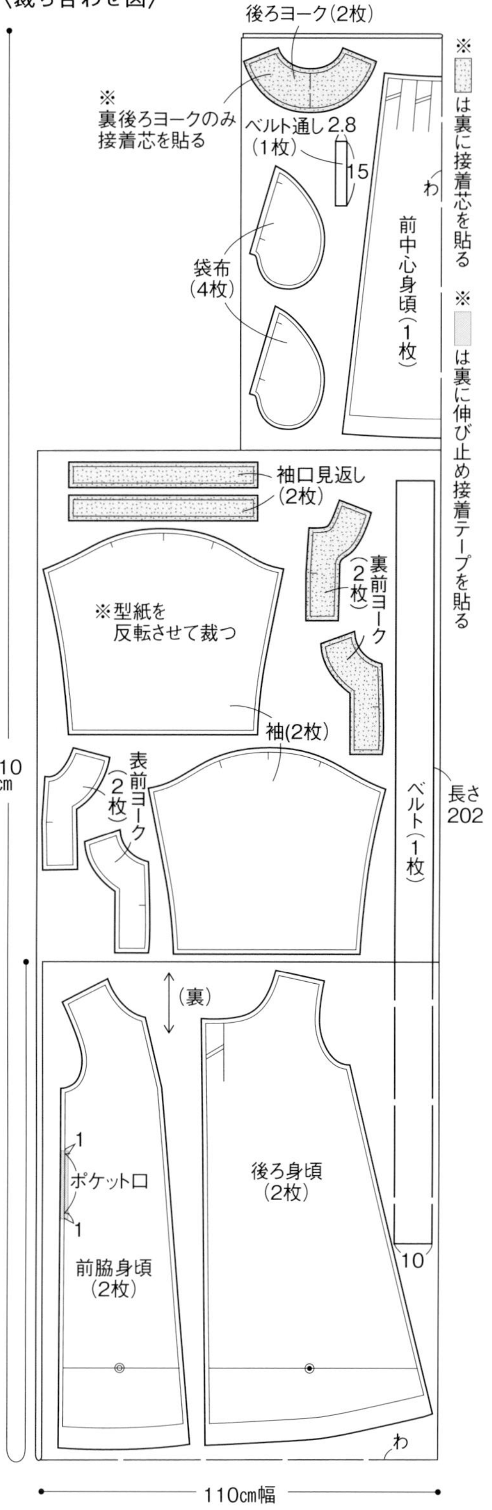

2 後ろ身頃を作る

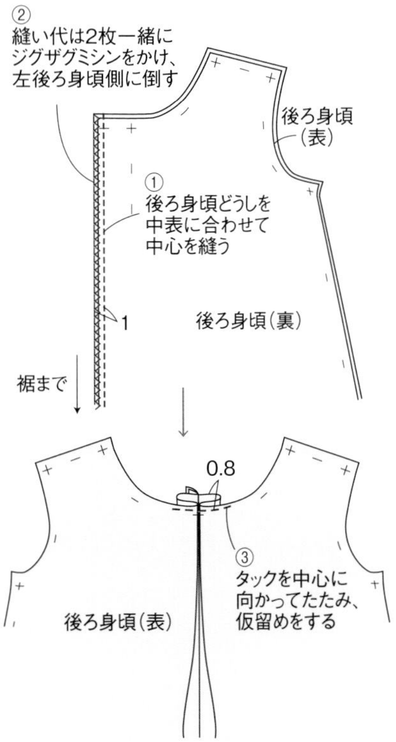

②
縫い代は2枚一緒に
ジグザグミシンをかけ、
左後ろ身頃側に倒す
後ろ身頃
(表)
①
後ろ身頃どうしを
中表に合わせて
中心を縫う
1
後ろ身頃(裏)
裾まで
0.8
③
タックを中心に
向かってたたみ、
仮留めをする
後ろ身頃(表)

3 前身頃と後ろ身頃を縫い合わせる

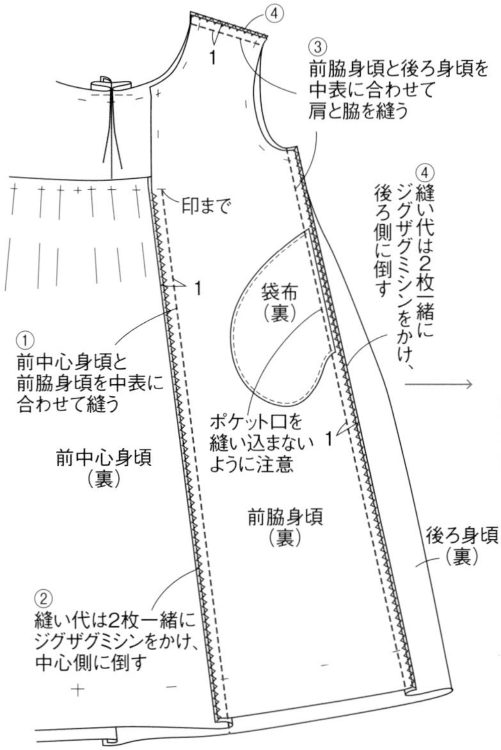

④
1
③
前脇身頃と後ろ身頃を
中表に合わせて
肩と脇を縫う
印まで
1
④縫い代は2枚一緒にジグザグミシンをかけ、後ろ側に倒す
袋布
(裏)
①
前中心身頃と
前脇身頃を中表に
合わせて縫う
ポケット口を
縫い込まない
ように注意
1
前中心身頃
(裏)
前脇身頃
(裏)
後ろ身頃
(裏)
②
縫い代は2枚一緒に
ジグザグミシンをかけ、
中心側に倒す

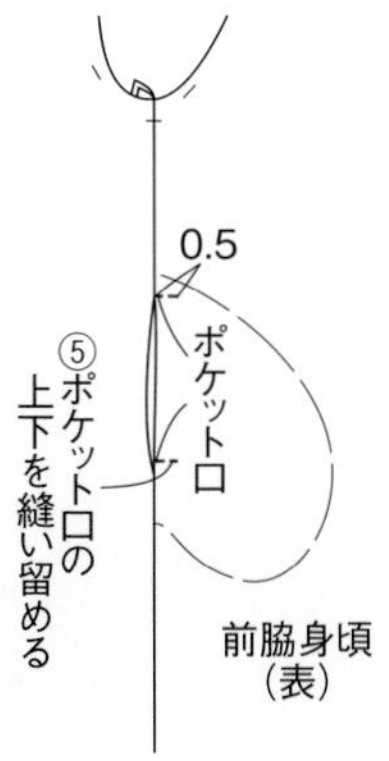

0.5
⑤ポケット口の上下を縫い留める
ポケット口
前脇身頃
(表)

4 ヨークを作る

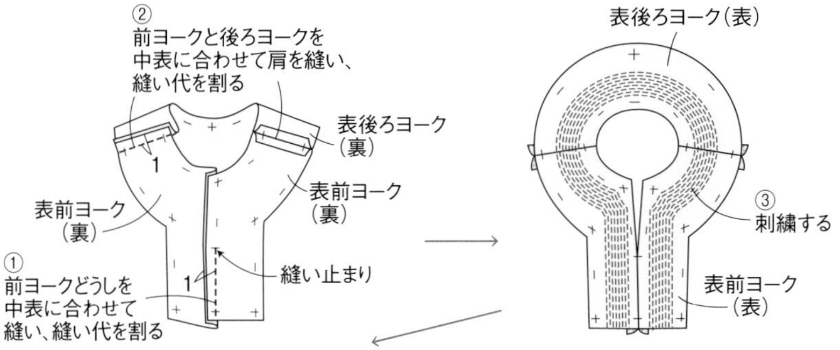

②
前ヨークと後ろヨークを
中表に合わせて肩を縫い、
縫い代を割る
表後ろヨーク
(裏)
1
表前ヨーク
(裏)
表前ヨーク
(裏)
①
前ヨークどうしを
中表に合わせて
縫い、縫い代を割る
1
縫い止まり
表後ろヨーク(表)
③
刺繍する
表前ヨーク
(表)

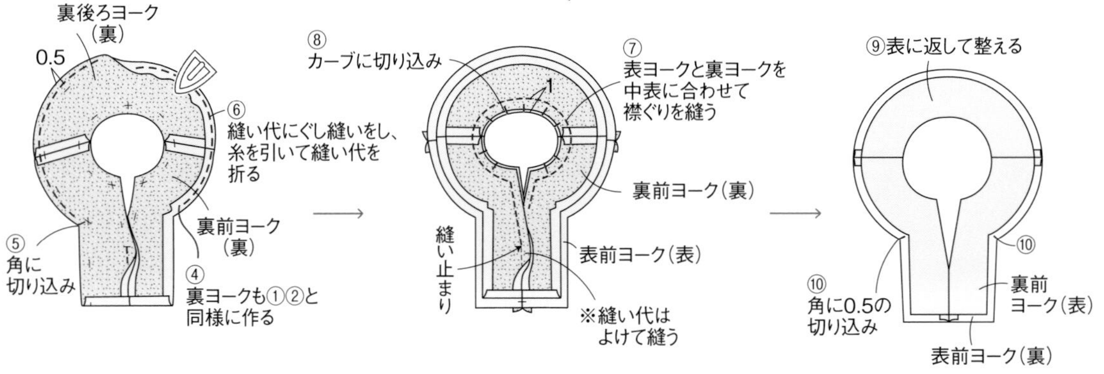

裏後ろヨーク
(裏)
0.5
⑥
縫い代にぐし縫いをし、
糸を引いて縫い代を
折る
裏前ヨーク
(裏)
⑤
角に
切り込み
④
裏ヨークも①②と
同様に作る
⑧
カーブに切り込み
1
⑦
表ヨークと裏ヨークを
中表に合わせて
襟ぐりを縫う
裏前ヨーク(裏)
表前ヨーク(表)
縫い止まり
※縫い代は
よけて縫う
⑨表に返して整える
⑩
⑩
角に0.5の
切り込み
裏前
ヨーク(表)
表前ヨーク(裏)

5 身頃にヨークをつける

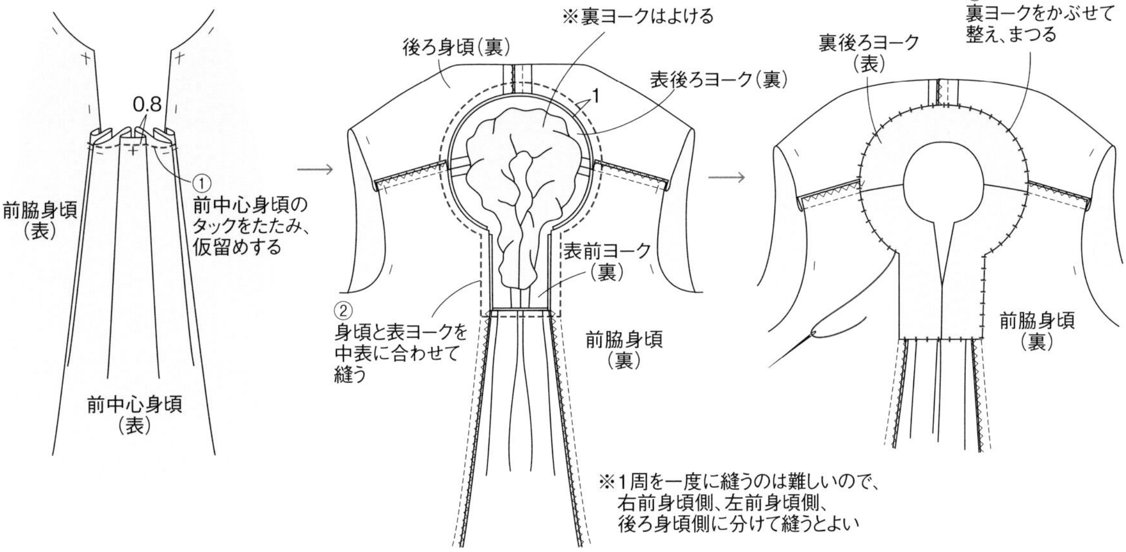
0.8
①
前中心身頃のタックをたたみ、仮留めする
前脇身頃（表）
前中心身頃（表）
※裏ヨークはよける
後ろ身頃（裏）
表後ろヨーク（裏）
1
表前ヨーク（裏）
②
身頃と表ヨークを中表に合わせて縫う
前脇身頃（裏）
※1周を一度に縫うのは難しいので、右前身頃側、左前身頃側、後ろ身頃側に分けて縫うとよい
③
裏ヨークをかぶせて整え、まつる
裏後ろヨーク（表）
前脇身頃（裏）

6 袖を作り、つける

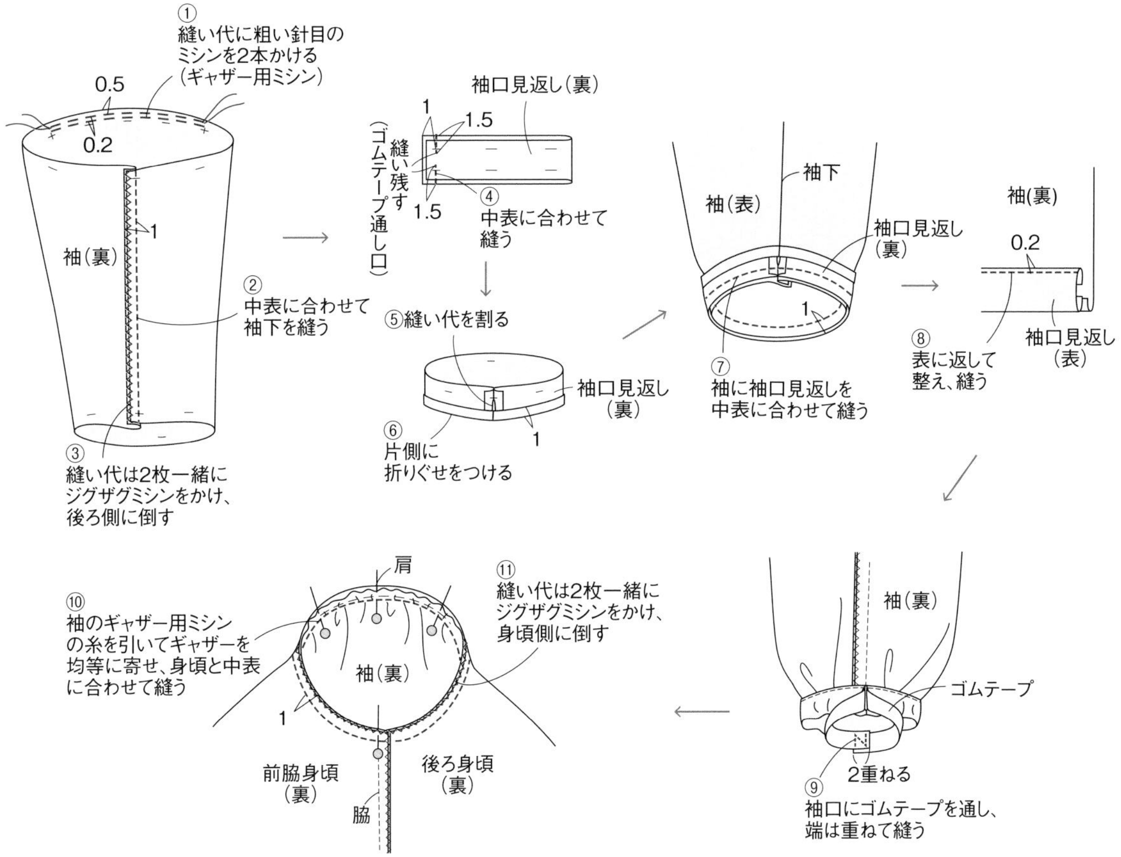
①
縫い代に粗い針目のミシンを2本かける（ギャザー用ミシン）
0.5
0.2
1
袖（裏）
②
中表に合わせて袖下を縫う
③
縫い代は2枚一緒にジグザグミシンをかけ、後ろ側に倒す
袖口見返し（裏）
1
1.5
縫い残す（ゴムテープ通し口）
1.5
④
中表に合わせて縫う
⑤縫い代を割る
袖口見返し（裏）
1
⑥
片側に折りぐせをつける
袖下
袖（表）
袖口見返し（裏）
1
⑦
袖に袖口見返しを中表に合わせて縫う
袖（裏）
0.2
⑧
表に返して整え、縫う
袖口見返し（表）
袖（裏）
ゴムテープ
2重ねる
⑨
袖口にゴムテープを通し、端は重ねて縫う
肩
⑪
縫い代は2枚一緒にジグザグミシンをかけ、身頃側に倒す
⑩
袖のギャザー用ミシンの糸を引いてギャザーを均等に寄せ、身頃と中表に合わせて縫う
袖（裏）
1
前脇身頃（裏）
後ろ身頃（裏）
脇

7 ベルト通しを作り、つける

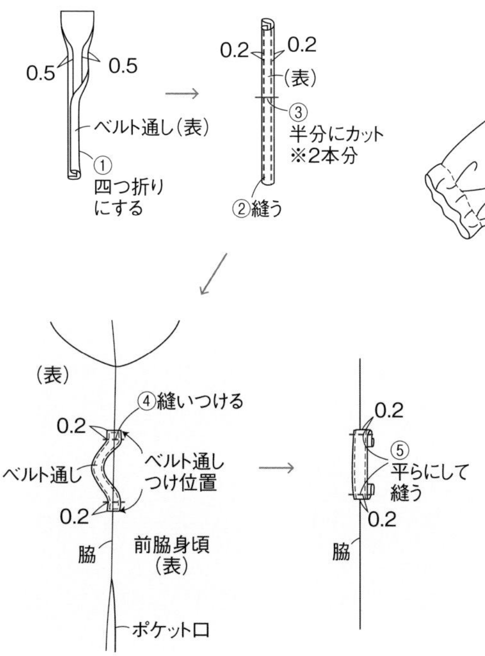

8 ベルトを作る

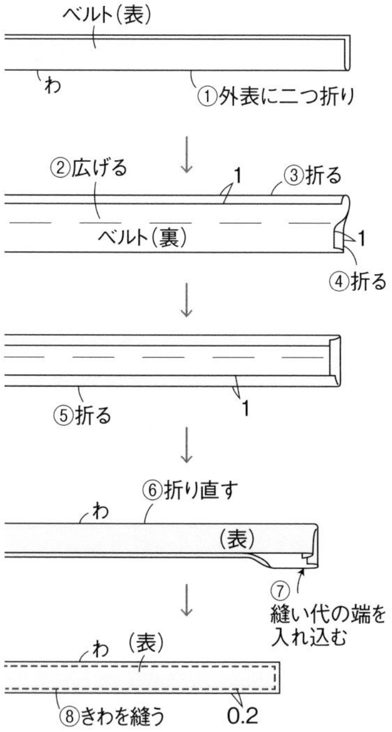

9 裾を始末し、仕上げる

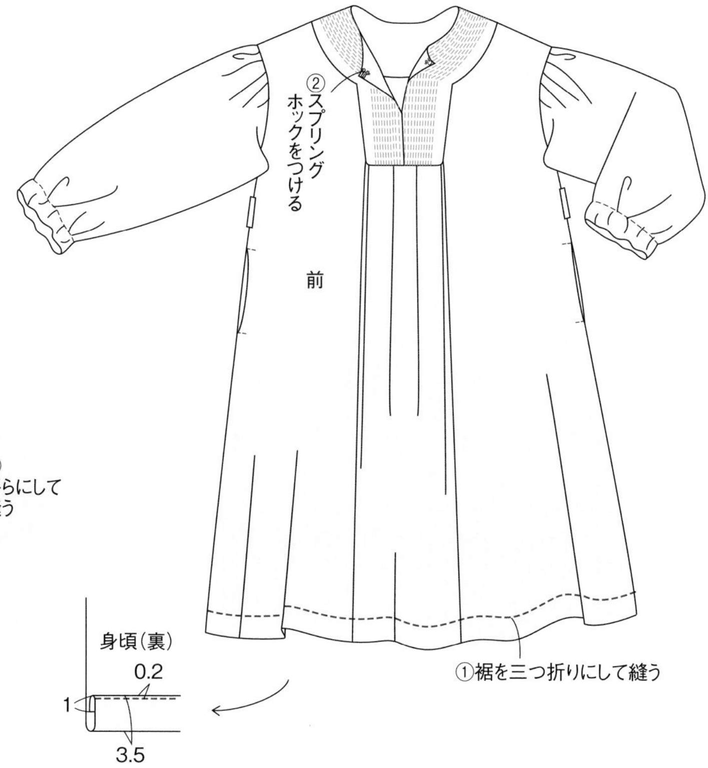

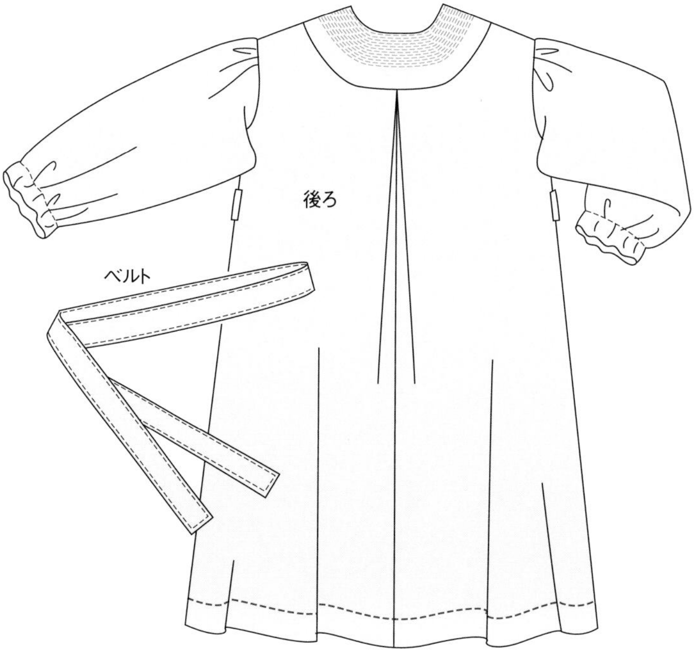

06 つけ襟

写真／ p.18-19
実物大型紙と刺繍図案／ B 面

●出来上がり寸法
着丈(肩から裾まで)…20.5cm
裾幅…37cm

●材料
表布…(リネン)110cm幅×105cm
接着芯…65×55cm
スプリングホック…1組
刺繍糸…DARUMA刺し子糸〈合太〉カード巻202(きなり)

●ポイント
表側の襟1枚に接着芯を貼り、刺繍をしてから作り始める。

〈裁ち合わせ図〉

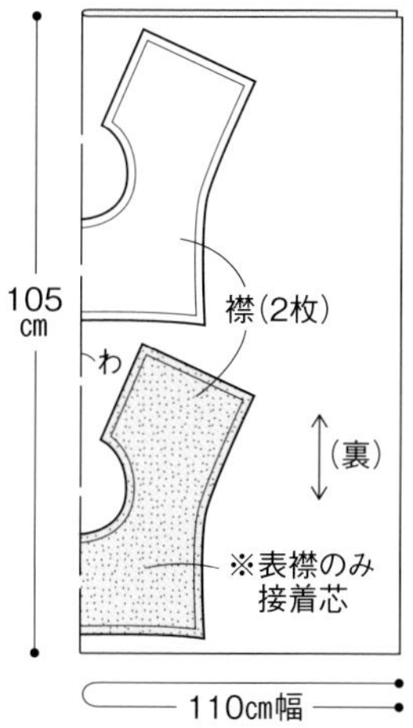
105
cm
わ
襟(2枚)
(裏)
※表襟のみ
接着芯
110cm幅

※[点線模様]は裏に接着芯を貼る

〈作り方〉

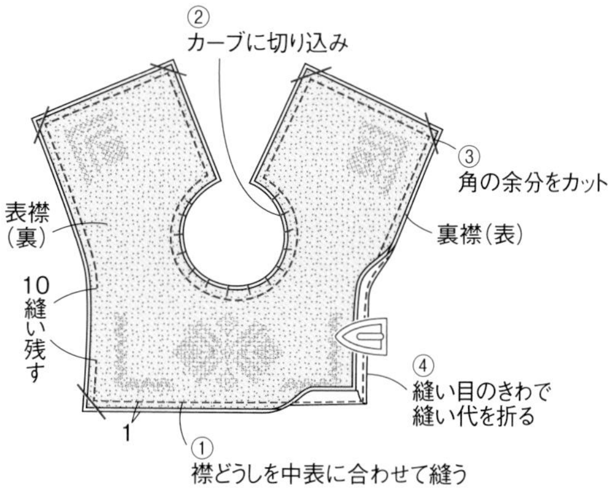
② カーブに切り込み
③ 角の余分をカット
表襟
(裏)
裏襟(表)
10
縫い残す
④ 縫い目のきわで
縫い代を折る
1
① 襟どうしを中表に合わせて縫う

↓

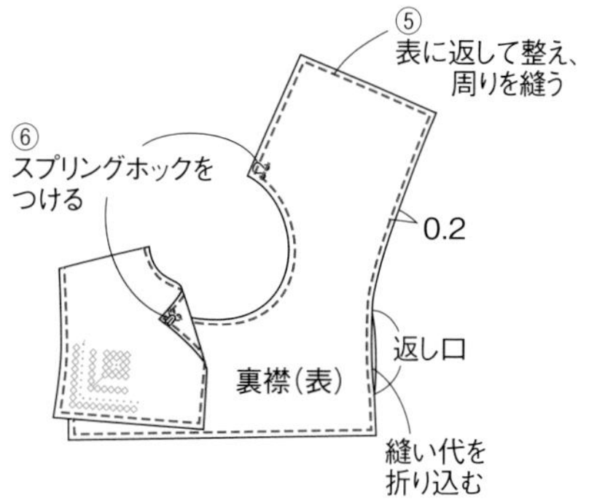
⑤ 表に返して整え、
周りを縫う
⑥ スプリングホックを
つける
0.2
返し口
裏襟(表)
縫い代を
折り込む

07 四角刺繍のきんちゃく

写真／ p.22-23

実物大型紙／ B 面

●出来上がり寸法

横20.5×縦15.8cm

●材料（1個分）

表布…（コットンのギンガムチェック）110cm幅×20cm

1cm幅の綿テープ…55cm×2本

刺繍糸…a DARUMA刺し子糸〈合太〉カード巻202（きなり）、213（赤）

b DARUMA刺し子糸〈合太〉カード巻202（きなり）、203（レモン）

●ポイント

表袋布１枚に刺繍をしてから作り始める。

〈裁ち合わせ図〉

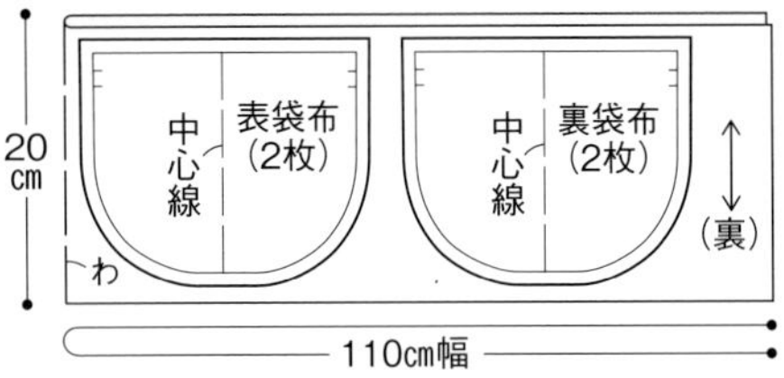

20cm
中心線
表袋布（2枚）
中心線
裏袋布（2枚）
（裏）
わ
110cm幅

チェック柄を使用する場合は柄の中央を中心線にする

中心線

〈作り方〉

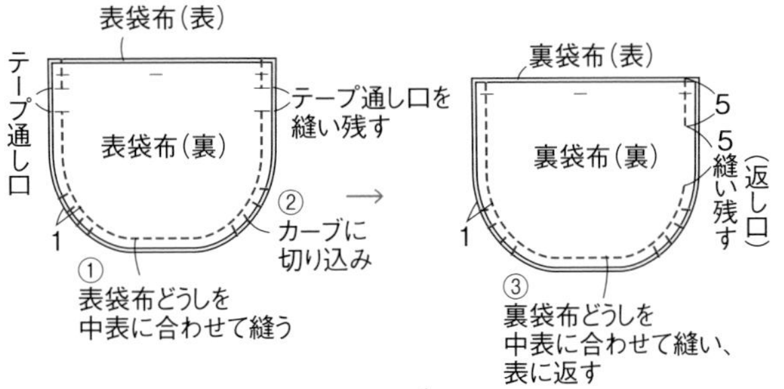

表袋布（表）
テープ通し口
テープ通し口を縫い残す
表袋布（裏）
1
②カーブに切り込み
①表袋布どうしを中表に合わせて縫う
裏袋布（表）
5
5
縫い残す（返し口）
裏袋布（裏）
1
③裏袋布どうしを中表に合わせて縫い、表に返す

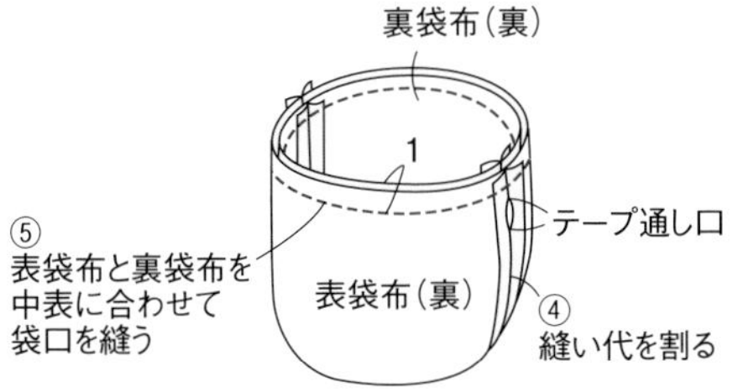

裏袋布（裏）
1
テープ通し口
⑤表袋布と裏袋布を中表に合わせて袋口を縫う
表袋布（裏）
④縫い代を割る

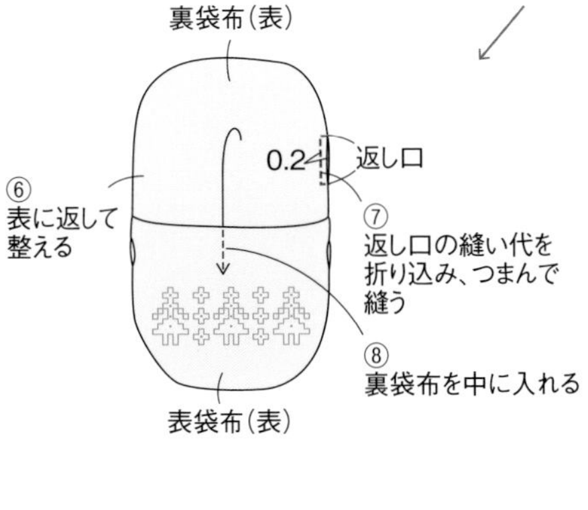

裏袋布（表）
0.2
返し口
⑥表に返して整える
⑦返し口の縫い代を折り込み、つまんで縫う
⑧裏袋布を中に入れる
表袋布（表）

テープの通し方

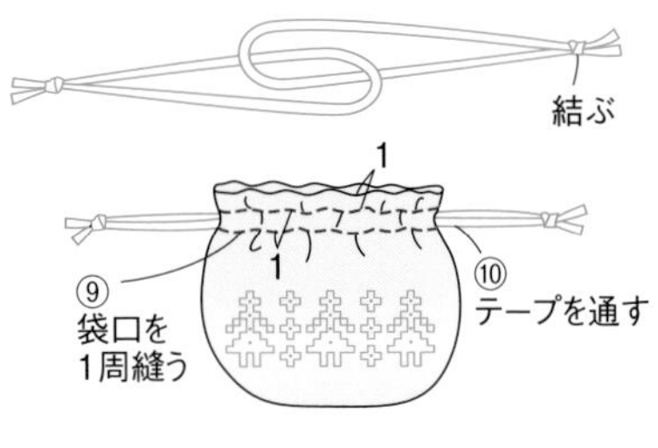

結ぶ
1
1
⑨袋口を1周縫う
⑩テープを通す

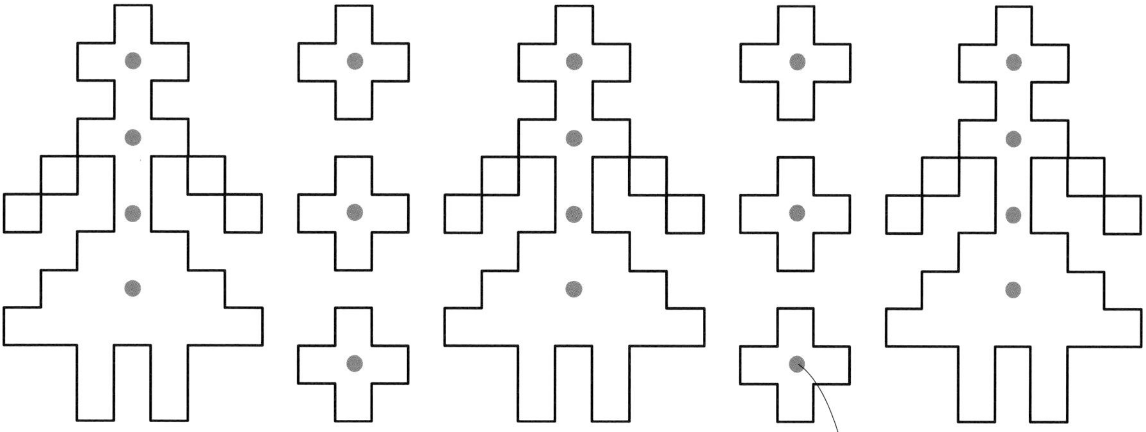

07-a

07-b

5mmおきに点を打つ(p.45)か、ギンガムチェックの格子に合わせます。

08 イラスト刺繍エコバッグ

写真／p.24-25
刺繍図案／A面

●出来上がり寸法
横38×縦34cm

●材料
表布…(コットンのギンガムチェック)60×80cm
刺繍糸…a DARUMAこぎん糸8(黒)
　　　　b DARUMAこぎん糸A(未ざらし)、9(黄はだ)

●ポイント
袋布1枚に刺繍をしてから作り始める。

〈裁ち合わせ図〉

※○の中の数字は縫い代寸法

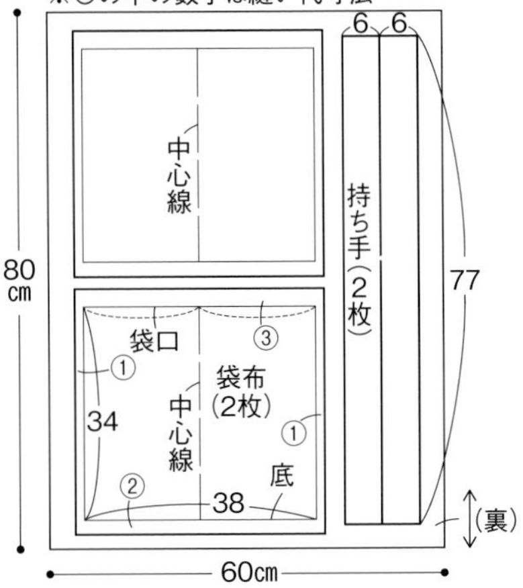

チェック柄を使用する
場合は柄の中央を
中心線にする

〈作り方〉

1 袋布を作る

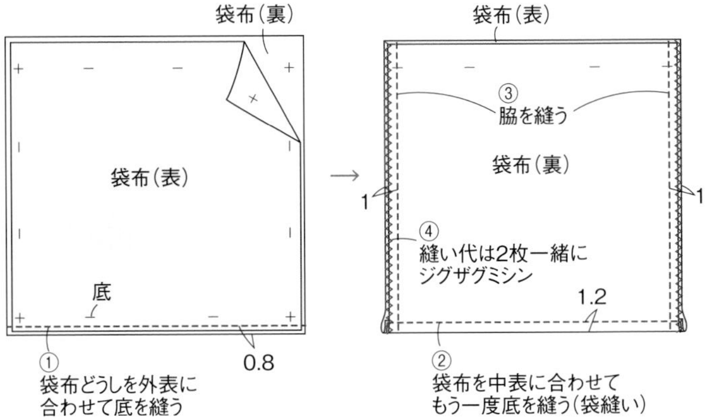

2 持ち手を作り、袋口につける

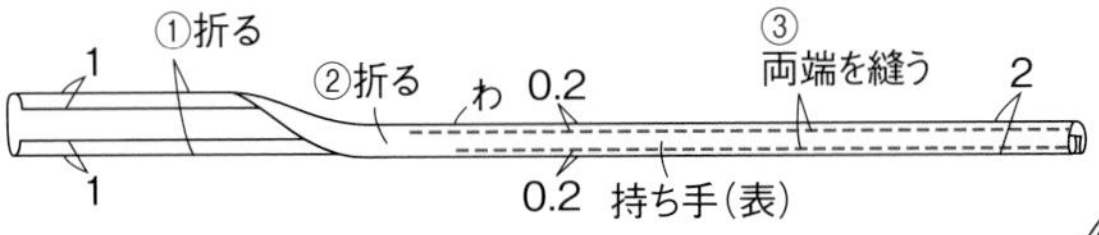

※2本作る

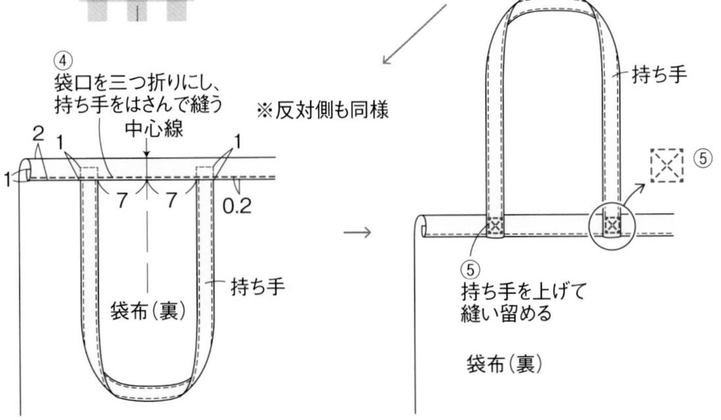

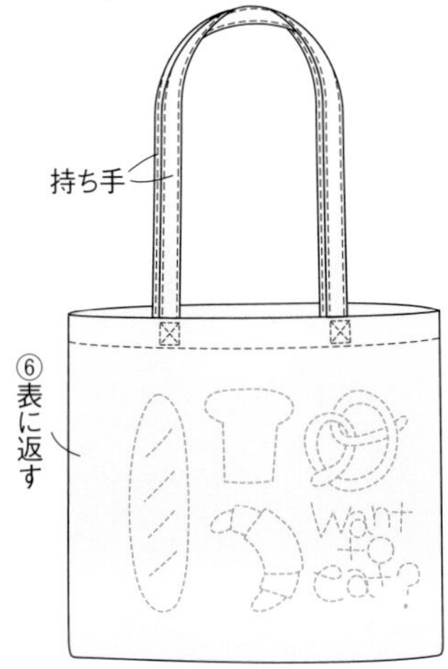

09 ミニバッグいろいろ

写真／p.26-33

●出来上がり寸法

小…横14×縦20cm

大…横17×縦21cm

●材料(1個分)

表布…(リネン)a、b、g、h 45×130cm

c、d、e、f 45×50cm

接着芯…40×25cm

刺繍糸…a、b DARUMA刺し子糸〈合太〉カード巻202(きなり)

c DMCディアマント グランデ G168

d DARUMA刺し子糸〈合太〉カード巻202(白ねず)、

こぎん糸2(からし)

e DARUMA刺し子糸〈合太〉カード巻202(きなり)

f DARUMAこぎん糸A(未ざらし)、5(あさぎ)

g DARUMAこぎん糸A(未ざらし)、8(黒)

h DARUMAこぎん糸A(未ざらし)、10(銀ねず)

●ポイント

表袋布に接着芯を貼り、刺繍をしてから作り始める。

〈裁ち合わせ図〉

〈a、b、g、hのななめ掛け〉

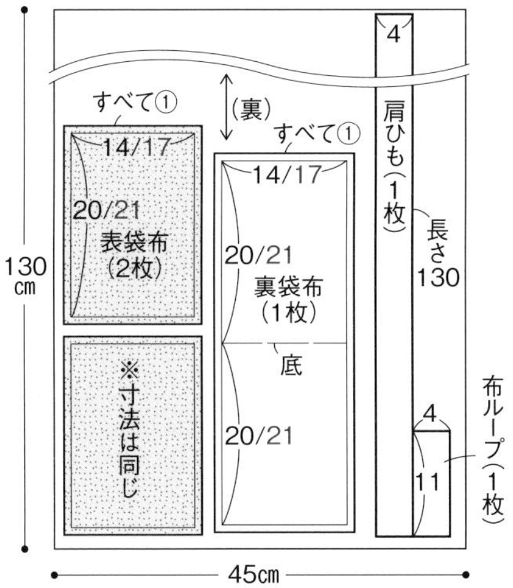

※○の数字は縫い代寸法

※袋布の寸法は左がa、g、hサイズ

右がbサイズ

※ は裏に接着芯を貼る

〈c、d、e、fの手持ち〉

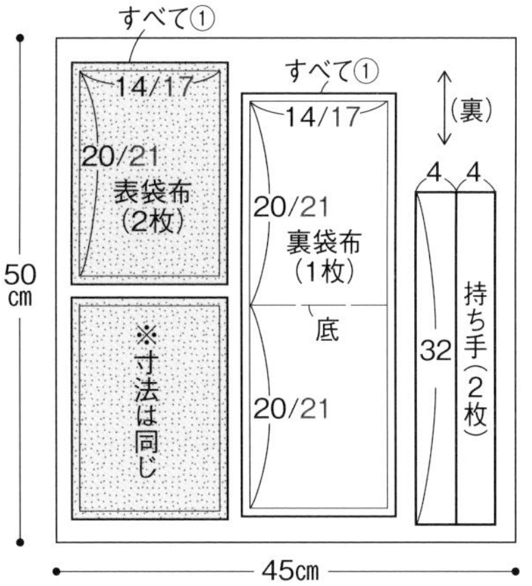

※○の数字は縫い代寸法

※袋布の寸法は左がc、fサイズ

右がd、eサイズ

※ は裏に接着芯を貼る

〈作り方〉

1 袋布を作る

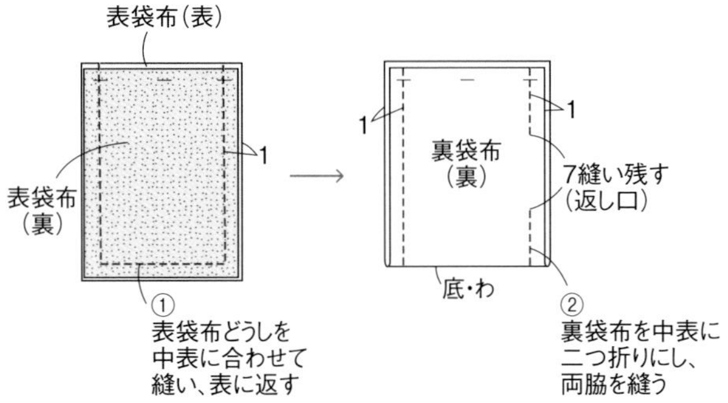

表袋布(表)
1
表袋布
(裏)
①
表袋布どうしを
中表に合わせて
縫い、表に返す
1
1
裏袋布
(裏)
7縫い残す
(返し口)
底・わ
②
裏袋布を中表に
二つ折りにし、
両脇を縫う

2 肩ひもと布ループ、または持ち手を作り、表袋布につける

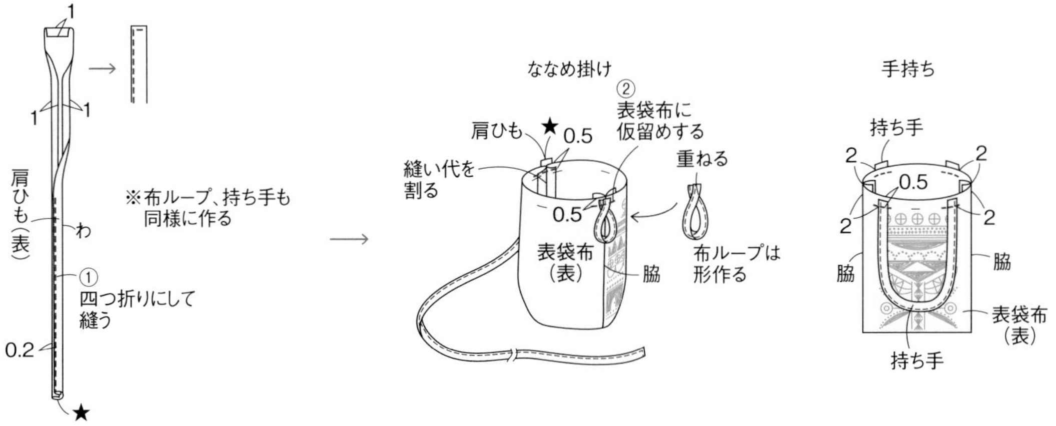

1
1
1
肩ひも(表)
わ
①
四つ折りにして
縫う
0.2
★
※布ループ、持ち手も
同様に作る
ななめ掛け
②
表袋布に
仮留めする
肩ひも
★
0.5
縫い代を
割る
0.5
重ねる
表袋布
(表)
脇
布ループは
形作る
手持ち
持ち手
2
2
0.5
2
2
脇
脇
表袋布
(表)
持ち手

3 表袋布と裏袋布を縫い合わせる

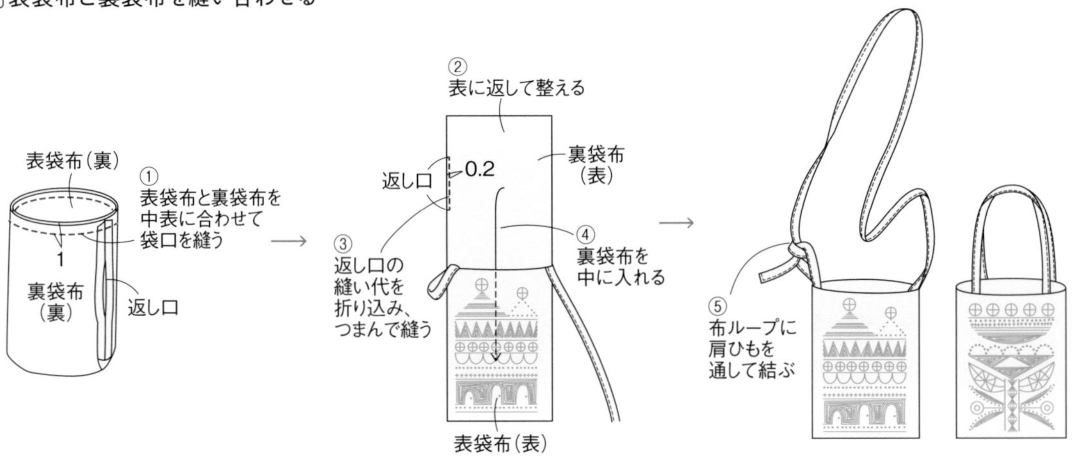

表袋布(裏)
①
表袋布と裏袋布を
中表に合わせて
袋口を縫う
1
裏袋布
(裏)
返し口
②
表に返して整える
返し口
0.2
裏袋布
(表)
③
返し口の
縫い代を
折り込み、
つまんで縫う
④
裏袋布を
中に入れる
表袋布(表)
⑤
布ループに
肩ひもを
通して結ぶ

09-a

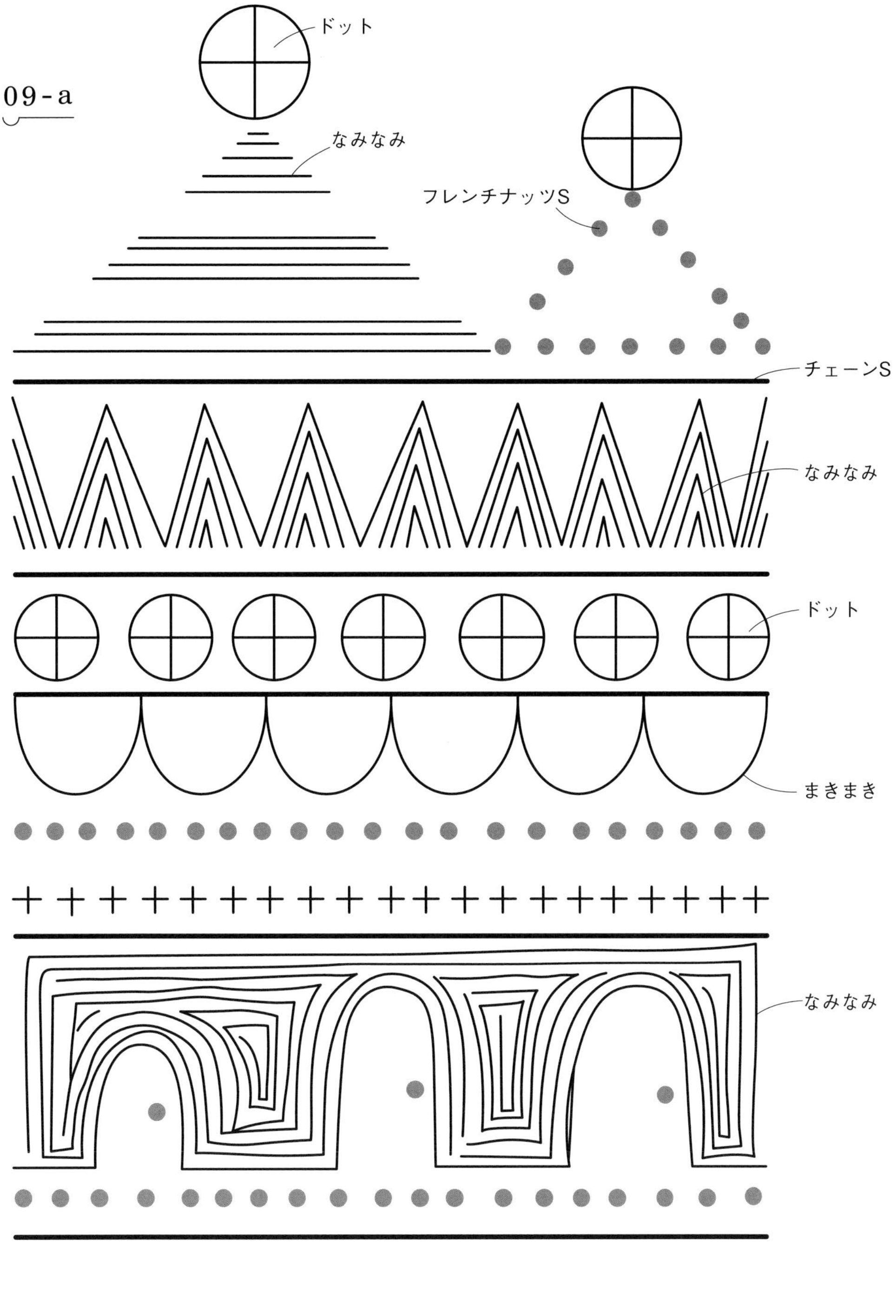

09-b

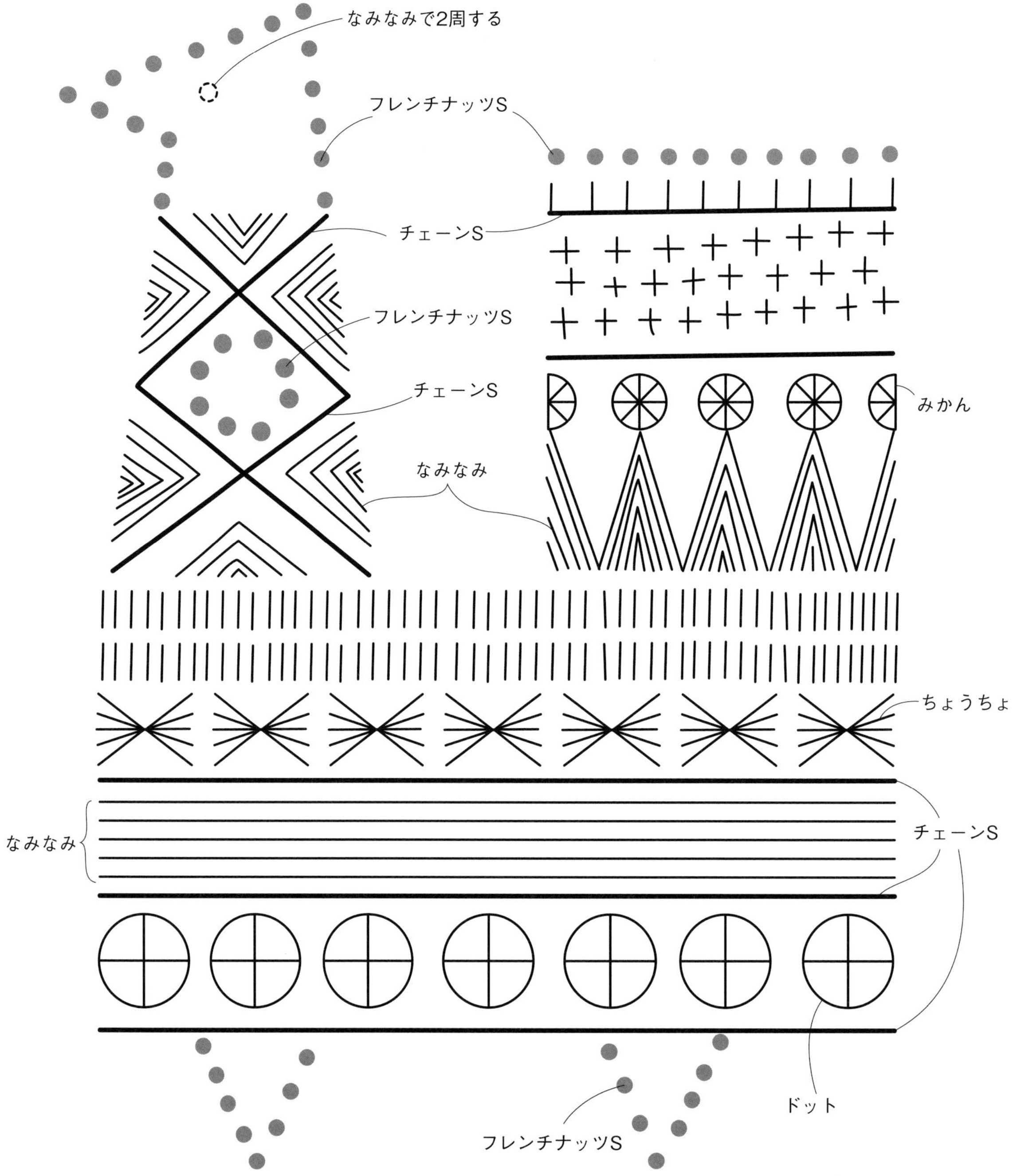
なみなみで2周する
フレンチナッツS
チェーンS
フレンチナッツS
チェーンS
なみなみ
みかん
ちょうちょ
なみなみ
チェーンS
ドット
フレンチナッツS

09-c

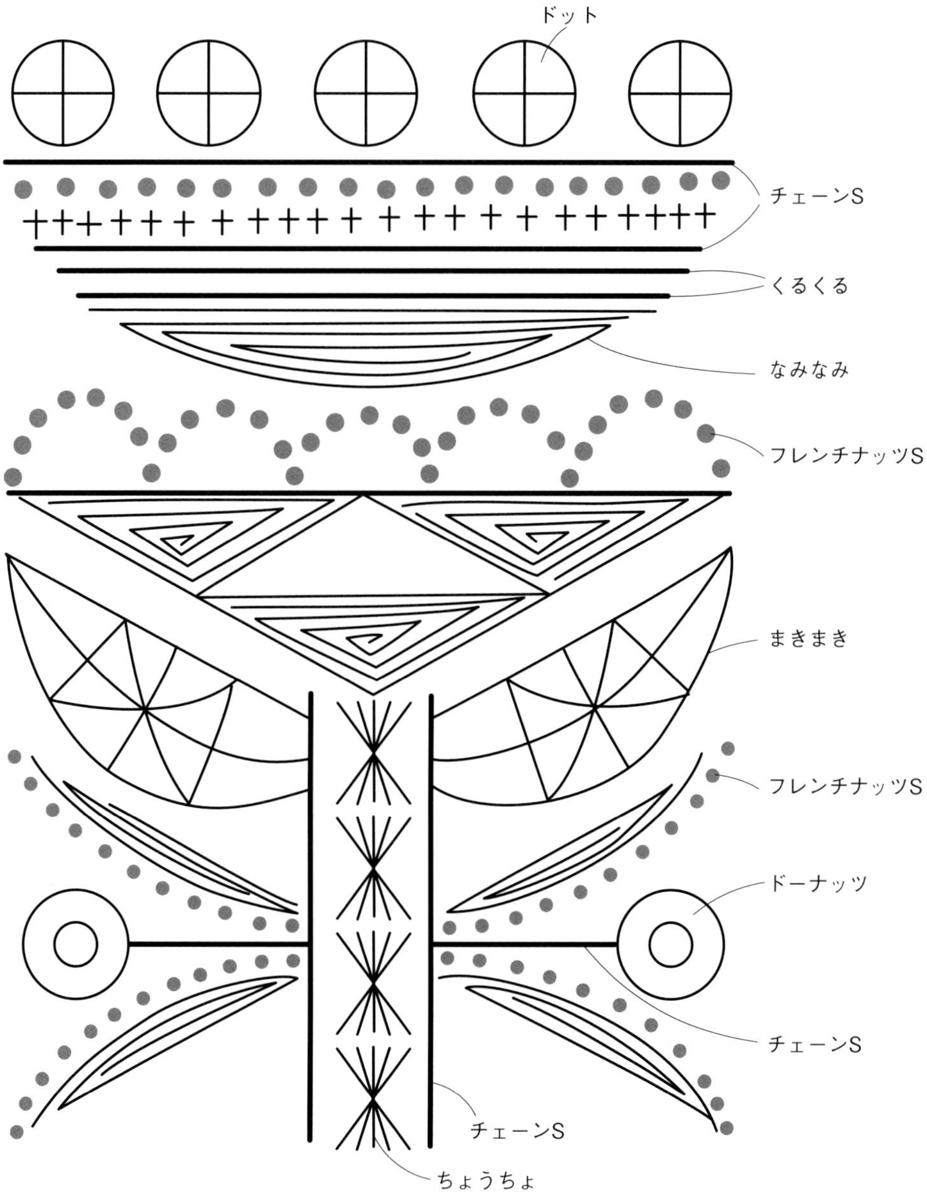
ドット
チェーンS
くるくる
なみなみ
フレンチナッツS
まきまき
フレンチナッツS
ドーナッツ
チェーンS
チェーンS
ちょうちょ

09-d

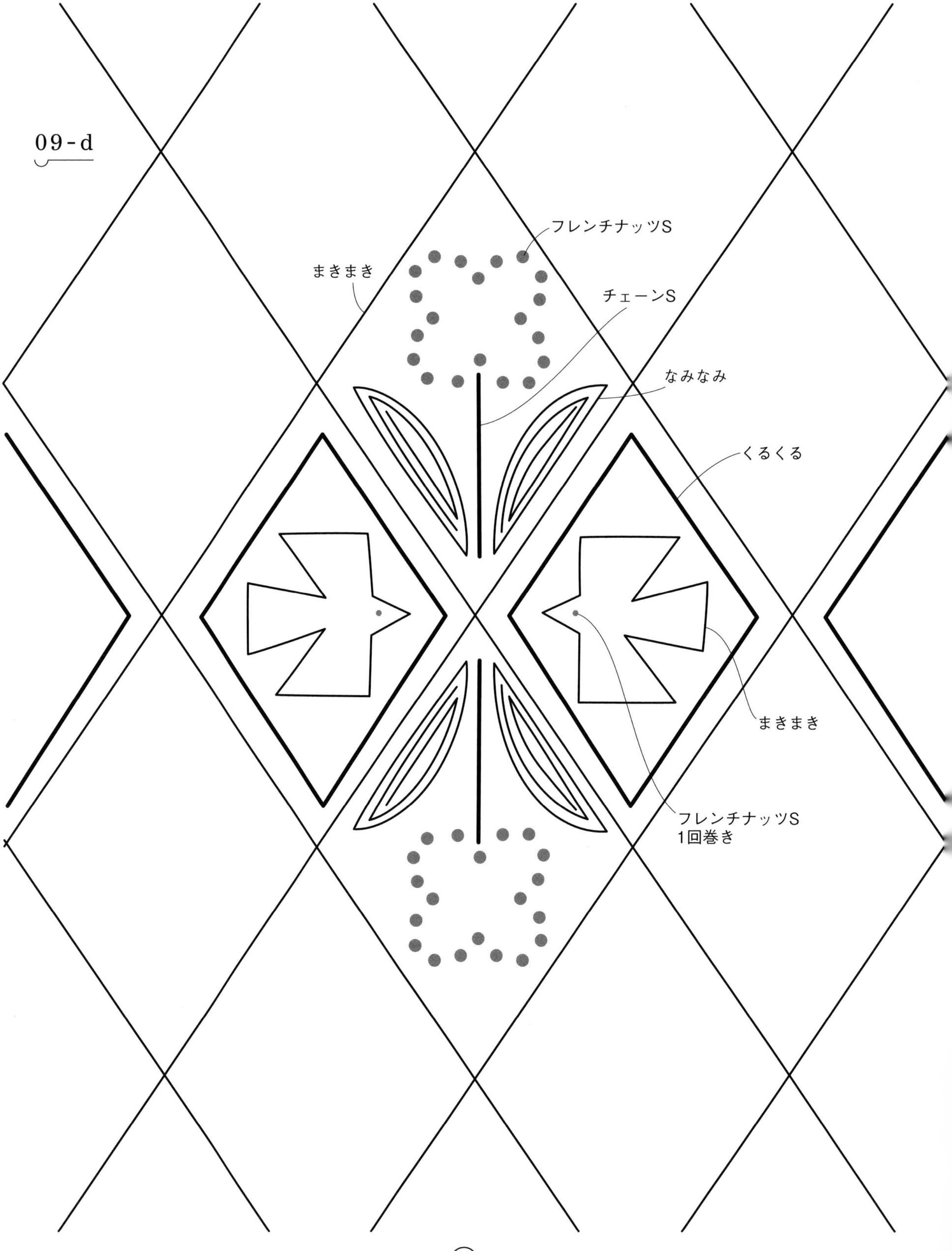

09-e

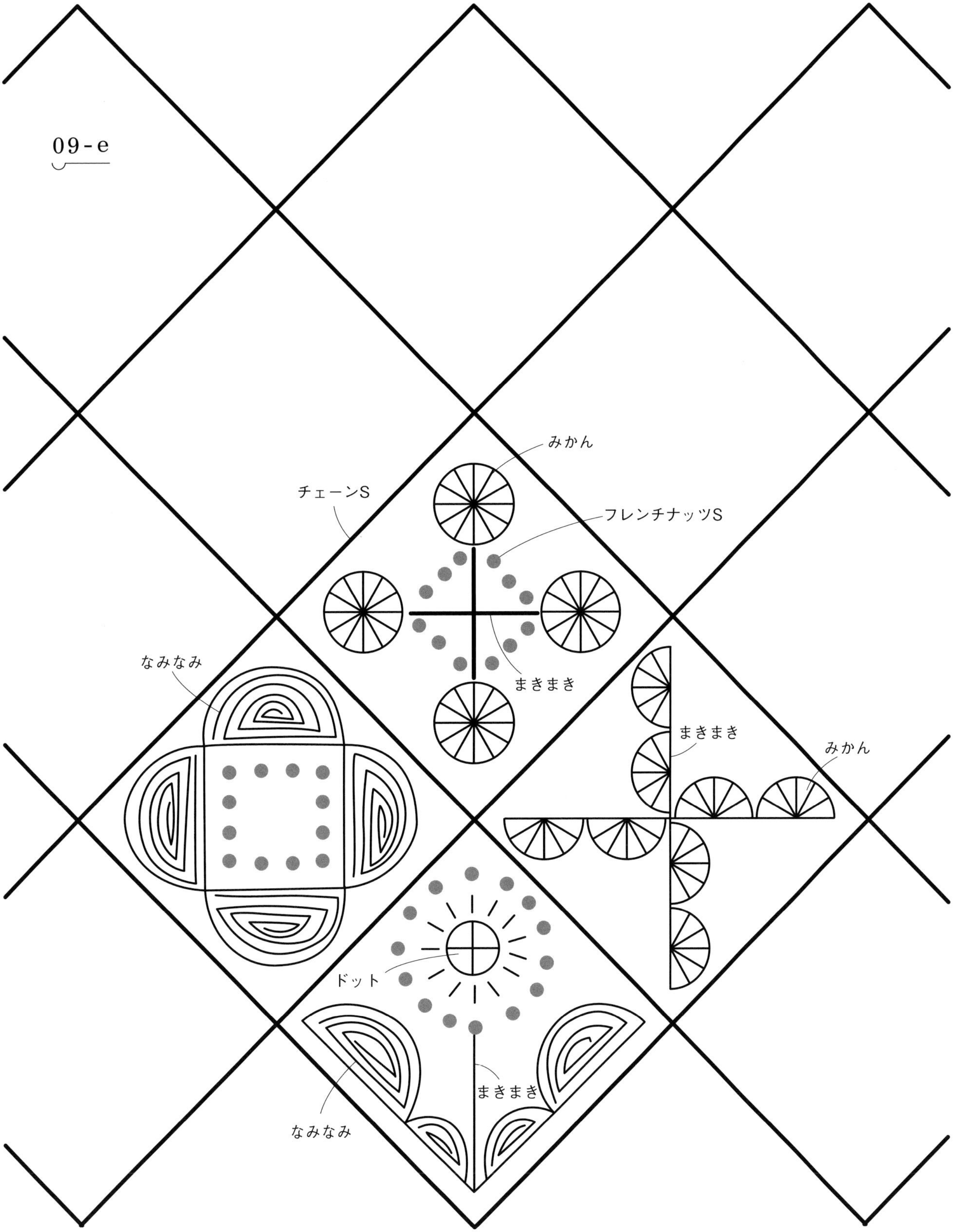

09-f

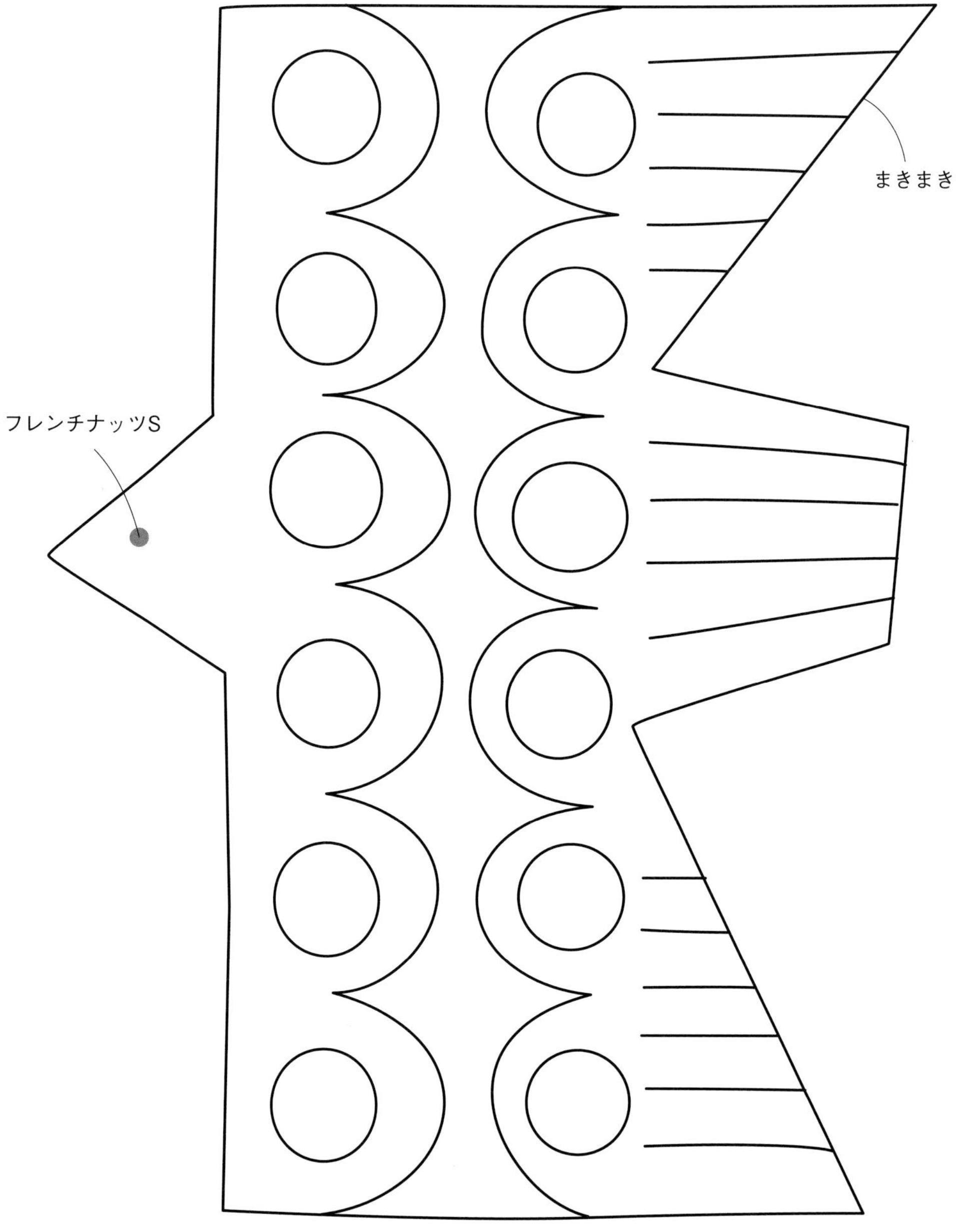

09-g

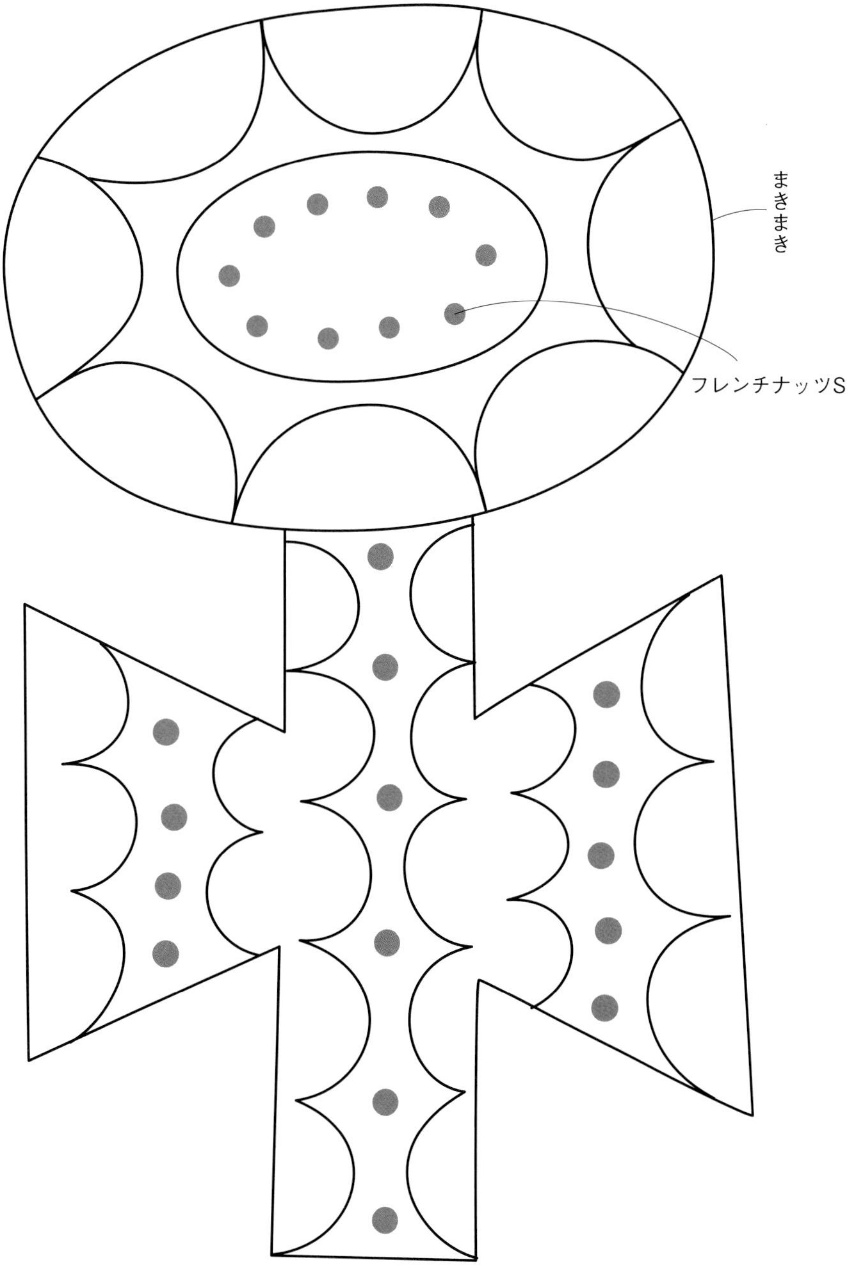

09-h

まきまき

フレンチナッツS

One
biscuit
in the
pocket

10 バレッタ

写真／p.34-35
実物大図案／p.79

●材料（1個分）

表布…（リネン）15×3㎝

バレッタ金具…1個

＊a、b、d、e はワニクリップタイプで長さ8㎝。c はパッチン留めタイプで長さ9.5㎝。

厚紙…適量

手芸用接着剤

刺繍糸… DMCディアマント D168、DMCディアマント グランデ G168

＊DMCディアマントは色は同じで太さ違い。フレンチナッツのみグランデを使用。

●ポイント

表布に刺繍をしてから作り始める。

〈作り方〉　▭ は手芸用接着剤を塗る

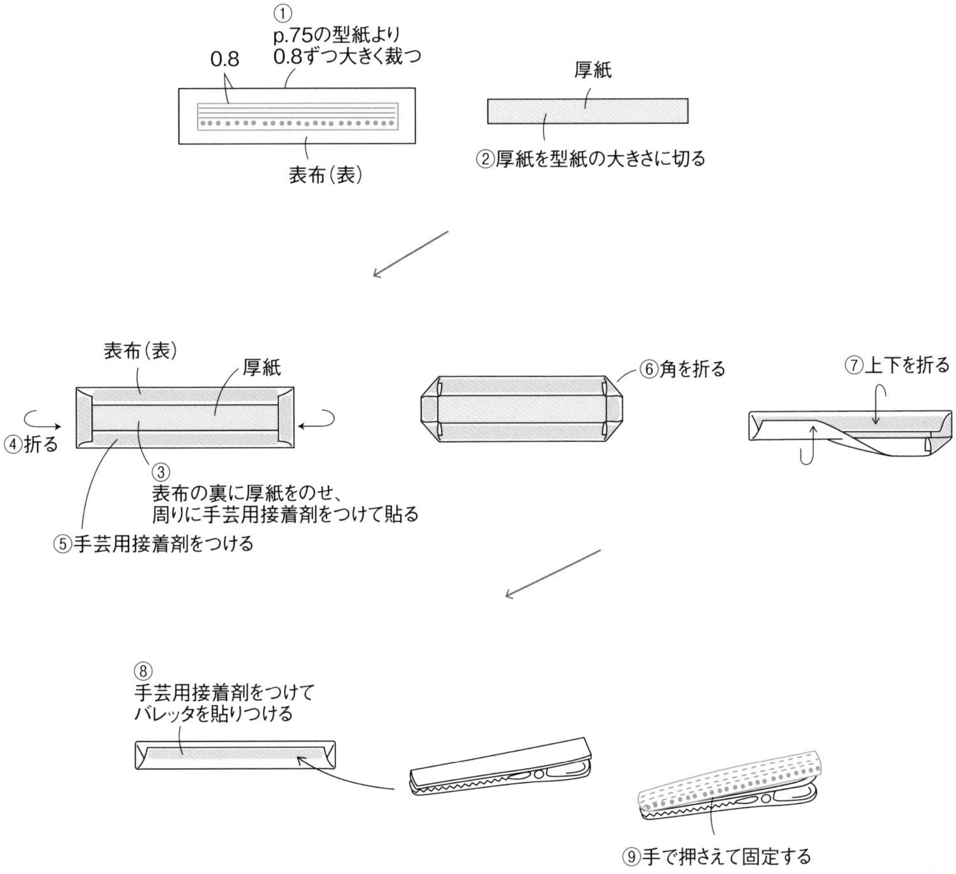
①
p.75の型紙より
0.8ずつ大きく裁つ
0.8
表布（表）
厚紙
②厚紙を型紙の大きさに切る
表布（表）
厚紙
④折る
③
表布の裏に厚紙をのせ、
周りに手芸用接着剤をつけて貼る
⑤手芸用接着剤をつける
⑥角を折る
⑦上下を折る
⑧
手芸用接着剤をつけて
バレッタを貼りつける
⑨手で押さえて固定する

11 バングル

写真／p.36-37

●材料（1個分）

表布（リネン）…25×8cm

板バングル金具（2.5cm幅で長さ15cm）…1個

厚紙…適量

刺繍糸…DMCディアマント D168

丸小ビーズ（シルバー）…適量

手芸用接着剤

●ポイント

表布に刺繍をしてから作り始める。

12 ポニーフック

写真／p.36-37

●材料（1個分）

表布（リネン）…12×8cm

ポニーフック金具（2.5cm幅で長さ4.5cm）…1個

厚紙…適量

刺繍糸…DMCディアマント D168

丸小ビーズ（シルバー）…適量

手芸用接着剤

●ポイント

表布に刺繍をしてから作り始める。

〈作り方〉※バングルとポニーフックの作り方は共通

は手芸用接着剤を塗る

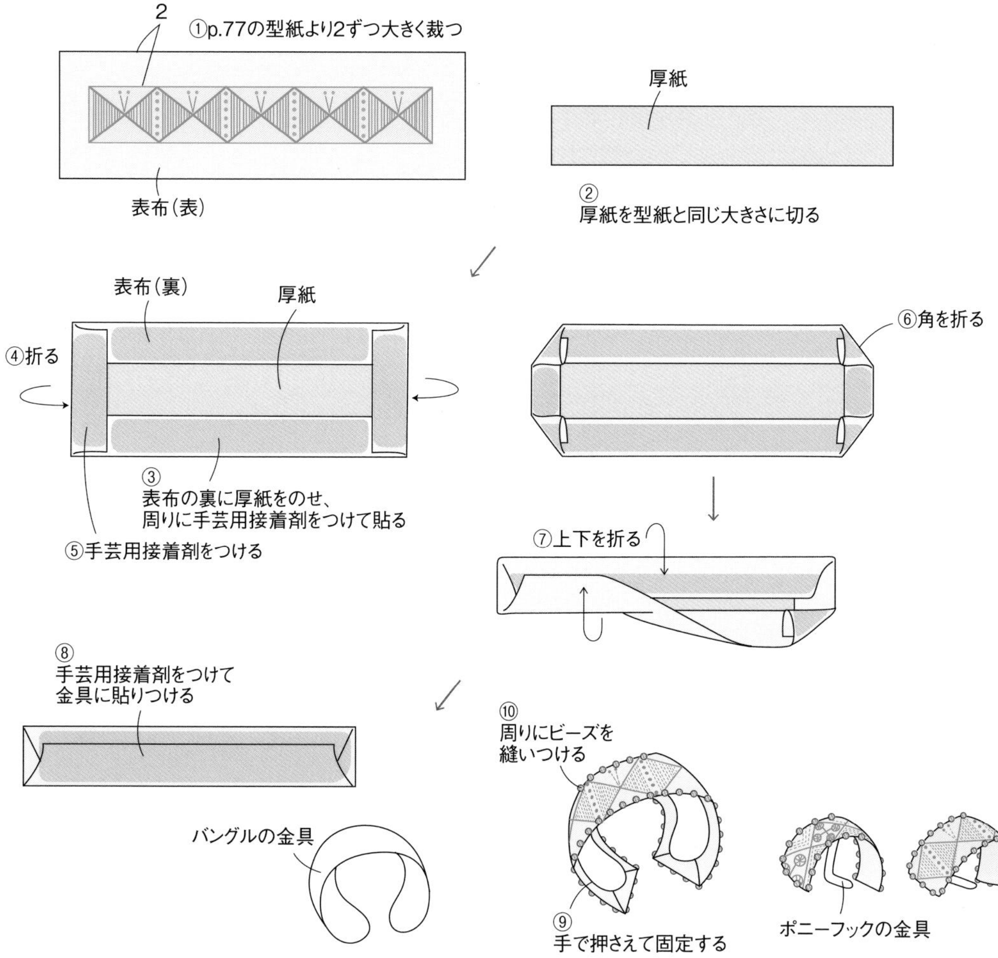

2
①p.77の型紙より2ずつ大きく裁つ
表布（表）
厚紙
②
厚紙を型紙と同じ大きさに切る
表布（裏）
厚紙
④折る
③
表布の裏に厚紙をのせ、
周りに手芸用接着剤をつけて貼る
⑤手芸用接着剤をつける
⑥角を折る
⑦上下を折る
⑧
手芸用接着剤をつけて
金具に貼りつける
バングルの金具
⑩
周りにビーズを
縫いつける
⑨
手で押さえて固定する
ポニーフックの金具

11-a

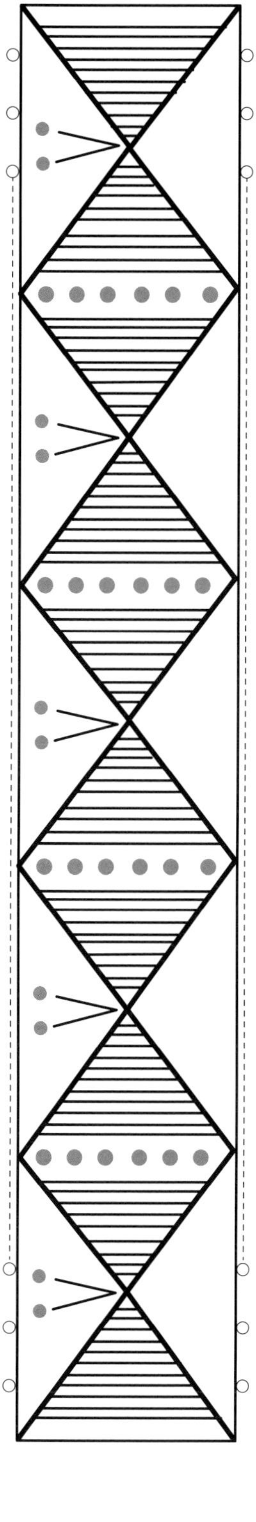

12-a

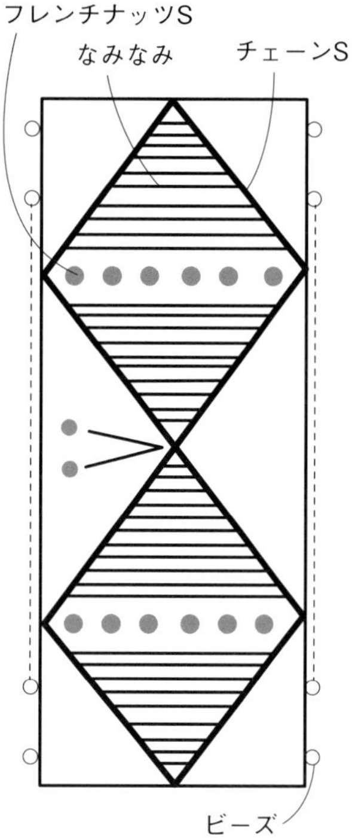

11-b

12-b

13　ブローチ

写真／p.38-39

●材料

厚手フェルト(厚みは約0.2cm)…12×12cmを1枚

ブローチ金具(長さ3.5cm)…1個

手芸用接着剤

刺繍糸…DMCディアマント　D168

●ポイント

厚手フェルトに刺繍をしてから裁断し、作る。

〈作り方〉

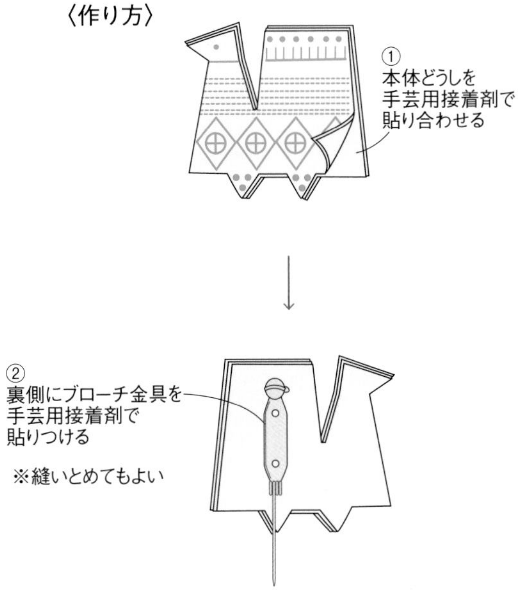

〈裁ち合わせ図〉

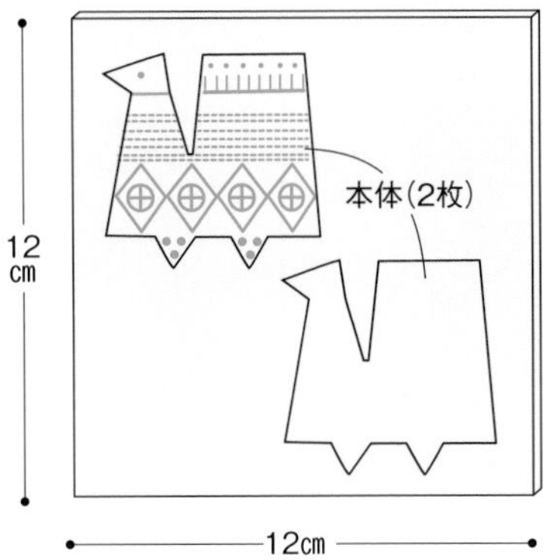

13-a

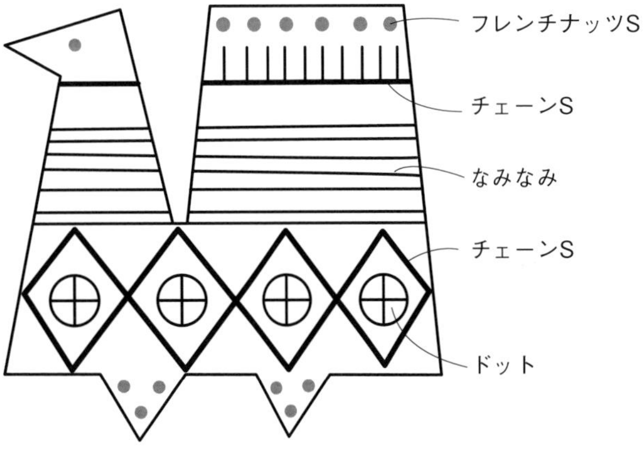

13-b

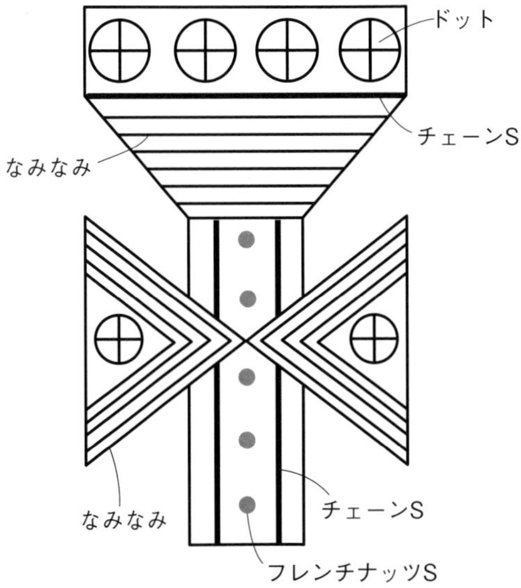

14 メッセージ刺繍

写真／p.2,40-41

刺繍図案／B面

●材料

刺繍糸…DARUMA刺し子糸〈細〉カード巻201(白)、213(赤)

●ポイント

手持ちのスカートに刺繍をする。

10 バレッタ

写真／p.34-35

作り方／p.75

10-a

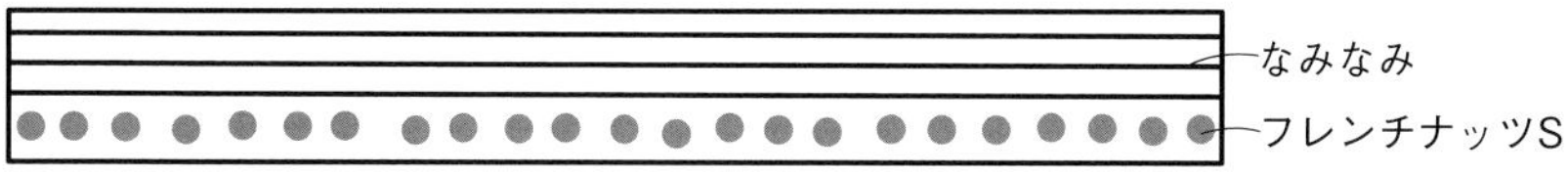

10-b

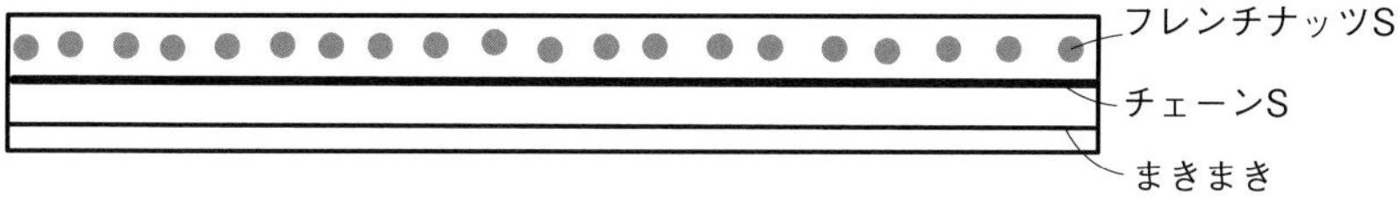

10-c

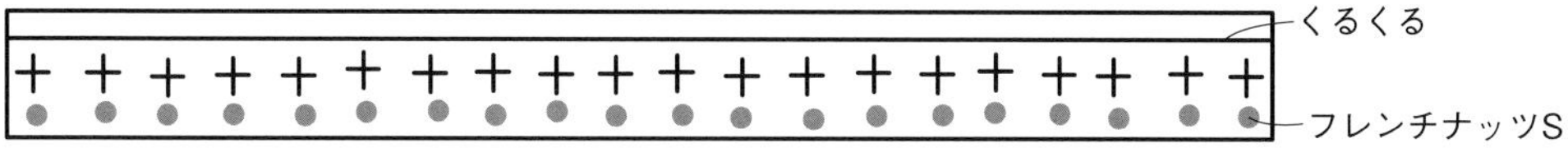

10-d

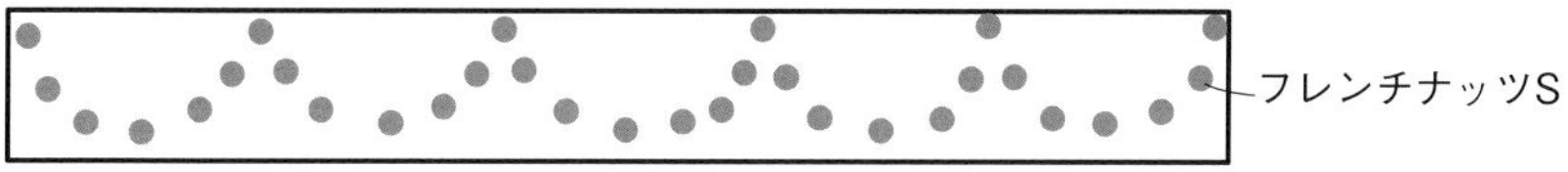

10-e

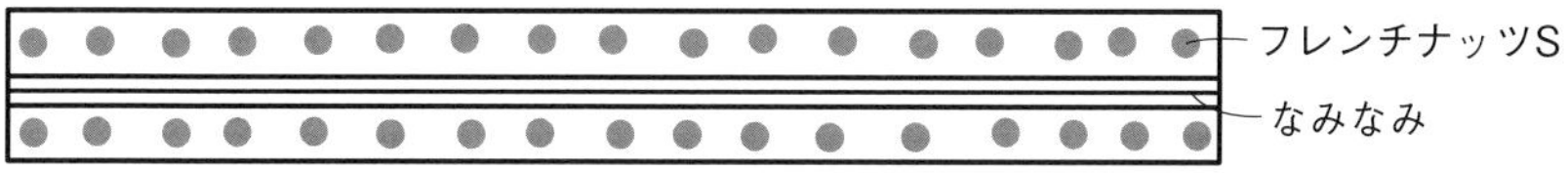

堀川 波

1971年大阪生まれ。イラストレーター、手工芸作家。大阪芸術大学グラフィックデザインコース卒業。おもちゃメーカーの企画開発を経てフリーに。『手仕事をめぐる大人旅ノート』（大和書房）などのエッセイや『かわいい背守り刺繍』『籐で作るアクセサリーと小物』『刺し子糸で楽しむ刺繍』（誠文堂新光社）など手芸関連の著書多数。

Instagram.com/horikawa._.nami　https://www.dottodot-works.com

〈STAFF〉
ブックデザイン…塙 美奈［ME&MIRACO］
撮影…寺岡みゆき
スタイリング…堀川 波　寺岡みゆき
ヘアメイク…AKI
モデル…なお　羽谷利恵
パターン制作…株式会社リンインターナショナル　TE to TE
作り方解説…網田ようこ
型紙レイアウト…中村有里
イラスト・トレース…大森裕美子［tinyeggs studio］
制作協力…今井奈緒［dot to dot］
Special thanks … itonowa Life 渋谷有美

〈材料協力〉
・CHECK&STRIPE
https://checkandstripe.com/
・ディー・エム・シー株式会社
https://www.dmc.com
・横田株式会社（DARUMA）
https://daruma-ito.co.jp/

刺《さ》し子《こ》ステッチで楽《たの》しむ服《ふく》と小物《こもの》

2024年　5月9日　発　行　　NDC594

著　　者　堀川《ほりかわ》 波《なみ》
発 行 者　小川雄一
発 行 所　株式会社 誠文堂新光社
〒113-0033 東京都文京区本郷3-3-11
電話03-5800-5780
https://www.seibundo-shinkosha.net/
印刷・製本　株式会社 大熊整美堂

ISBN978-4-416-72310-4